Gertraude Vymetal

ENTSCHEIDE DICH HEUTE FÜR DAS LEBEN

Gertraude Vymetal

ENTSCHEIDE DICH HEUTE FÜR DAS LEBEN

Mit Farbbildern der Autorin

© BENEDETTO VERLAG 2014
ISBN 978-3-905953-55-8
Umschlagfoto: Andrea Kalisch

3

Inhaltsverzeichnis

Wir haben nicht viel Zeit

Mit diesem unangenehmen Satz ein Buch anfangen? Klingt nach Drängen und Schlechtes-Gewissen-Machen.

Ich gestehe: ich bin es, die nicht mehr viel Zeit hat - vermutlich. Seit Jahren lebe ich mit der Diagnose Krebs mit den üblichen Facetten von Operationen, Bestrahlung, Chemotherapie, Versuchen von unkonventionellen Therapien, dem Auf und Ab der Hoffnung. Vor kurzem kam die nächste niederschmetternde Diagnose, nämlich, dass eine Metastase eine meiner Rippen befallen hat und dass das Wachstum der übrigen Tumore zugenommen hat.

Ich erinnerte mich an das Wort Gottes, das einmal sehr deutlich in meinem Inneren geworden war (weiter unten werde ich das genauer schildern): Ich werde nicht sterben sondern leben, um die Taten Gottes zu verkünden (Ps 118, 17). Es durchzuckte mich: gilt das noch? Was bedeutet eine Lebenszusage, wo wir doch alle sterblich sind? Und wenn der zweite Teil ein Auftrag ist, dann muss ich ihn auch unter den jetzigen Umständen ausführen.

Im Jahre 2005 begann ich einen Internetblog über einzelne Worte der Heiligen Schrift, die in meinem Leben unmittelbar eine Rolle spielten. Eigentlich hatte ich vor, darüber ein Buch zu schreiben, startete aber zunächst in dem damals noch nicht so geläufigen Medium Internet.
Dann kamen andere Projekte dazwischen, ich verlor die Lust, an diesem Blog weiter zu arbeiten. Schließlich stellte der Anbieter das Service für diese Art Weblog ein, und so war mein Vor-

haben für längere Zeit auf Eis gelegt. Ich fühlte zwar immer noch ein Drängen, über die Taten Gottes in meinem Leben zu schreiben, aber auch eine gewisse Hemmung, sodass ich den Auftrag mit anderen Werken tarnte. Zwei Kinderbücher erschienen, ein Roman entstand. Andere Ideen befinden sich in der Warteschleife.

Bis jetzt hatte mich meine Krankheit zwar zeitweise ordentlich mitgenommen, aber ich blieb doch weitgehend fähig, die täglich nötigen Aktivitäten zu vollziehen und meinen Hobbys nachzugehen. Nun aber scheint die Zeit zu drängen. Also habe ich die bisherigen Blogs in eine Form gebracht, die man als Buch lesen kann.

Das geschah nicht, weil ich mich produzieren möchte, sondern weil ich fühle, dass ganz allgemein die Zeit drängt. Wir alle haben nicht viel Zeit. Der Verfall des alten Europa ist mittlerweile für viele sichtbar geworden und wird beklagt. Was sehen wir: Viele Menschen leiden an Orientierungslosigkeit, man liest in den Medien, dass Depressionen zunehmen und immer öfter der Grund für vorzeitige Pensionierungen werden. Eine innere Leere wird mit überbordenden Vergnügungen zugedeckt, es folgen Abhängigkeiten und Süchte, der Umgang miteinander wird rauer und rücksichtsloser, Gewalt nimmt zu, und zwar bei Menschen unterschiedlichen Alters. Viele zeigen sich besorgt über die Entwicklung im politischen Bereich: Die EU und UN zwingen Mitglieder und auch Nicht-Mitglieder neben praktischen auch verwirrende Gesetze anzunehmen. Ehemals hart erkämpfte Freiheiten werden unter dem Vorwand oder Deckmantel der gesellschaftlichen Sicherheit eingeschränkt. Staaten werden gedrängt, Taten zu Menschenrechten werden lassen, die ehedem als Untaten angesehen wurden. Man denke nur an die Forderung nach Legalisierung der Abtreibung und in der Folge die Anerkennung derselben als Menschenrecht, wobei die Gewissensfreiheit der Ärzte in diesem Bereich nicht mehr gelten soll.[1] In vielen Ländern wurde bereits die Homo-Ehe eingeführt, oder zumindest eine Verpartnerung als ehe-ähnliches Institut möglich gemacht. Für viele Menschen ist das eine Entwicklung, die die Gesellschaft nachhaltig stört, weil sie die Familien ruiniert. Wie sich dieser Trend auf die nächsten Generationen auswirkt, zeichnet sich bereits ab.

Viele machen sich auch Sorgen, wie es ihnen wohl im Alter gehen wird, wenn Pensionen gekürzt werden und Pflegekräfte fehlen und als Ausweg dann die Euthanasie für Alte, unheilbar Kranke und Depressive angesehen und in manchen Ländern bereits gesetzliche Realität geworden ist. Ja, sogar Kinder sollen getötet werden dürfen, wenn sie unheilbar krank sind! Angst machen auch Arbeitslosigkeit, Unwetterkatastrophen, Flüchtlingsströme, bestehende und drohende Kriege. Christen denken an die zunehmende Christenverfolgung rund um den Globus. Jeder kann dieser Liste des Bösen und der Hoffnungslosigkeit noch Einiges hinzufügen.

Können wir etwas tun? Ich bin überzeugt, wir können nicht nur, sondern wir sind auch dazu aufgerufen. Im Wort Gottes haben wir einen Schatz, den wir nicht vergraben dürfen, sondern anderen zugänglich machen sollen. Das kann jeder tun. Wir brauchen nicht auf „die Kirche" - gemeint sind die Funktionäre, die Kleriker - zu warten, sondern wir dürfen diesen „Schatz im Acker" selbst heben (vgl. Mt 13,44). Und dann ge-

---

[1] In Österreich und Deutschland ist Abtreibung nach wie vor illegal, aber unter bestimmten Bedingungen straffrei.

nießen wir ihn erst einmal selbst, denn wer die Liebe Gottes nicht kennen gelernt hat, der kann sie auch nicht weitergeben. Was sicher nicht hilft, ist, die schlimmen Zustände zu beklagen und Abhilfe von anderen zu erwarten.

Mein Büchlein kann vielleicht manchen eine Anregung geben, wie wir mit dem Schatz umgehen können. Alle angeführten Schriftstellen haben mich zu einer Zeit getroffen, als ich genau diese notwendig hatte. Sie sind nicht Theorie, sondern haben jeweils etwas bewirkt, denn das Wort Gottes geht nicht leer in die Welt hinaus, sondern bewirkt, was Er damit sagen will. So, wie es bei Jesaja heißt: So ist es [...] mit dem Wort, das meinen Mund verlässt: Es kehrt nicht leer zu mir zurück, sondern bewirkt, was ich will, und erreicht all das, wozu ich es ausgesandt habe (Jes 55,11).

Das Wort Jesu: „Geht und verkündet: Das Himmelreich ist nahe" (Mt 10,7) ist an uns alle gerichtet und beinhaltet ein gewisses Drängen, vor allem dann, wenn Jesus sagt: Kehrt um! Denn das Himmelreich ist nahe (Mt 3,2).

Wir wissen, dass die ersten Christen die Wiederkunft Christi erwarteten, und deshalb durchzieht die Dringlichkeit der Verkündigung die Heilige Schrift. Selbst wenn seit dem Auftreten Christi auf Erden 2000 Jahre vergangen sind, gilt diese Dringlichkeit auch für uns heute. Das Himmelreich, damit ist Gott selbst gemeint[2], ist uns genauso nahe wie den Menschen zu allen Zeiten. Daher: wenn wir in den Medien sehen, wie es in unserem Land und in der Welt zugeht, dann wird uns klar: wir haben nicht viel Zeit!

---

[2] Das erkannte spätestens Or igines im 3. Jahrhundert. Vgl. dazu: B. Vošicky: Schau auf den Herrn! S.131

Erfahrungen mit dem Wort Gottes

Das lebendige Wort Gottes

Als ich begann an der Universität Geschichte zu studieren, kaufte ich mir aus Neugier eine Ausgabe der Luther-Bibel (die Einheitsersetzung gab es damals noch nicht). Vom Religionsunterricht an der Schule kannte ich ein paar Textstellen, aber nun wollte ich das Neue Testament im Gesamten lesen. Ich las es also wie die Bücher, die ich für meine Proseminare an der Uni brauchte. Die Enttäuschung war groß, als ich mich mit meiner erstsemestrigen Studierweisheit an die Texte heranmachte. Ich bemerkte nämlich zuallererst, dass die Evangelisten Stellen aus dem Alten Testament zitierten, aber auf eine Weise, wie wir Studenten niemals eine Quelle hätten verwenden dürfen! In aller Naivität warf ich nun Matthäus, Markus, Lukas und Johannes vor, Textstellen aus dem Zusammenhang gerissen und so verwendet zu haben, wie es ihnen gerade in den Kram passte, damit sie eine bestimmte Aussage treffen konnten. Ich war empört. In einem Buch, das als Grundlage für den Glauben dienen sollte, musste ich so eine berechnende Unwissenschaftlichkeit finden! Ich las noch ein bisschen weiter, aber die Ausgabe, die ich mir gekauft hatte, war eine Übersetzung, die mir den Inhalt wenig anschaulich machte. Viele Passagen verstand ich gar nicht. Frustriert stellte ich die Bibel ins Bücherregal. Diese Ausgabe steht immer noch dort und sieht gepflegt ungelesen aus.

Viele Jahre später lernte ich, dass man an die Autoren der Bibel nicht die heutigen Maßstäbe der wissenschaftlichen Arbeitsweise anlegen kann. Das beruhigte mich doch sehr. Ich lernte auch, was es bedeutet, dass die Bibel ein „inspiriertes" Buch ist: Gott spricht durch Menschenmund und Menschenverstand zu uns. Die Aussagen sind gleichermaßen zeitgebunden wie für alle Zeiten gültig. Und auch die Enttäuschung über die scheinbar willkürlichen Zitate der Evangelisten löste sich auf, als ich erfuhr, dass man die Bibel unter verschiedenen Gesichtspunkten lesen kann, und einer davon ist, dass das Alte Testament Hinweise auf das Erscheinen und Wirken Jesu enthält und dass die Evangelisten und die Autoren der Briefe diese erkannten und für die Hörer der Frohen Botschaft deuteten.

So wurde mir die Heilige Schrift immer lebendiger und ihre Texte sprechen heute direkt zu mir in meine jeweilige Lebenssituation hinein. Rückblickend erkannte ich auch, dass schon früher einige Textstellen Auswirkungen auf mein Leben hatten.

Diese Erfahrungen möchte ich nun teilen. Deswegen sind den persönlichen Erlebnissen in jedem Kapitel Meditationen beziehungsweise Gebete zu den Bibelstellen angefügt.

Und nun eine kleine Gebrauchsanweisung für dieses Buch. Die Geschichten, die ich hier erzähle, sind ungefähr so in der Reihenfolge in meinem Leben geschehen. So hat sich Gott mir immer mehr durch Sein Wort geoffenbart, oft dadurch, dass ein Vers der Heiligen Schrift im Gottesdienst oder in einem Vortrag aufleuchtete, manchmal „stand" ein Wort auch plötzlich vor mir - in meinem Geist. Es sprach jeweils direkt in eine bestimmte

Lebenssituation hinein, die ich dann besser verstand, oder – vor allem, wenn es ein bedrückendes Ereignis war – half es mir, dieses anzunehmen und Gott zu vertrauen, dass Er das Beste daraus machte.

Ihr Leben verläuft sicherlich anders als meines, aber bestimmte Grundzüge werden Sie wohl auch hier finden, bzw. Sie werden sich in manchen Geschichten und hoffentlich auch in den Meditationen wiederfinden. Darum schlage ich vor, dass Sie einfach die Erzählungen auf sich wirken lassen, und wo Sie sich angesprochen fühlen, diese Meditationen für sich machen. Sie sind oft sehr kurz, denn wichtig sind nicht die Meditationen selbst, sondern die Schriftstelle, die am Anfang jedes Kapitels steht. Lesen Sie diese Schriftstelle, bevor sie die Meditationen machen. Lesen Sie sie öfter, vor allem dann, wenn es in Ihrem Inneren einen Widerhall findet, gewissermaßen eine Art Click in Ihnen macht. Dann ist das eine Stelle, mit der Sie sich lange beschäftigen sollen. Es ist ein Wink des Hl. Geistes. Sagen Sie sich diese Stelle immer wieder vor. Sie wird dann eine Wirkung haben, sie wird in Ihr Herz gehen und dort ihre Wirkung entfalten.

Damit meine ich aber nicht, dass bei jeder Meditation bzw. bei jedem Gebet etwas „passieren" muss. Es wäre verfehlt, das Gebet wie einen Zauberspruch zu verwenden, nach dem Motto: ich bete jetzt so und so, oder ich bitte um dies und das, und dann wird das geschehen, was ich mir wünsche. Das hieße Gott zum Erfüller unserer Wünsche zu machen, zu einer Art guter Fee oder Geist aus der Flasche. Die „Wirkung" oder „Richtigkeit" des Gebets daran zu messen, ob man etwas fühlt oder sofort etwas passiert, wäre fatal. Gott weiß, was wir brauchen und wir werden es bekommen. Aber ganz sicher brauchen *wir* das Gebet, um hellhörig zu werden für Sein Wort.

Jesus kennt uns nur zu genau, deshalb ermahnen Er und später seine Apostel uns, im Gebet nicht nachzulassen (vgl. etwa: Lk 18,1; Röm 12,12; Eph 6,18; Kol 4,2). Außerdem geht es ja im Gebet nicht in erster Linie darum, etwas zu bekommen, sondern vor allem darum, einfach bei Gott zu verweilen, um Ihm die Ehre zu geben, so wie es Maria, die Schwester von Marta getan hat, als sie zu Seinen Füßen saß und Ihm zuhörte. Sie hatte das Bessere gewählt, sagte Jesus, als ihre Schwester Marta sich bei Ihm beschwerte (Lk 10,42). Und genau in diesem Sinne sind die Gebete und Meditationen in diesem Buch zu lesen: als Innehalten und als Hinführung zu einem Verständnis der jeweils angeführten Textstelle.

Um es nochmals zu betonen: es geht mir nicht um eine Schriftauslegung - das überlasse ich Berufeneren - sondern darum, Jesus unmittelbar durch Sein Wort zu mir sprechen zu lassen. Schließlich ist Er das Fleisch gewordene Wort. Das meditierende Gebet über die Schriftstelle ist wichtig, denn es ist der Zugang zu Gott. Jede Lesung der Heiligen Schrift sollte in ein Gebet münden, am besten, indem man sich die Stelle, die einen getroffen hat, immer wieder vorsagt. Die Gebetsmeditation, die ich vorschlage, kann eine Hilfe zum Verständnis und eine Anregung zum Verweilen sein.

Und noch etwas: ich erzähle auch von Ereignissen, als ich eine Schriftstelle als unmittelbare Aufforderung zum Handeln verstand. Nun ist es in manchen Kreisen üblich, Schriftstellen übertrieben wörtlich auszulegen, beziehungsweise im Gebet empfangene Worte als bindend und auffordernd zu erklären, nicht nur für den Empfänger selbst sondern für eine andere Person oder eine ganze Gruppe. Wie bei allen Facetten eines Glaubensweges, bleibt immer eine gewisse Unsicherheit bestehen.[3] Papst Franziskus sagt sogar: „Wenn jemand behauptet, er sei Gott mit absoluter Sicherheit begegnet, und nicht berührt ist von einem Schatten der Unsicherheit, dann läuft etwas schief."[4]

Darum meine ich, dass man hier sehr vorsichtig sein muss. So ein plötzlich empfangenes Wort kann verschiedene Ursachen haben, die meistens nicht vom Heiligen Geist stammen. Vor allem, wenn man den Impuls verspürt, eine größere Veränderung im Leben durchzuführen, dann soll man solche Eingebungen genau prüfen. Man ziehe hier einen geistlichen Begleiter zu Rate und beherzige die Kriterien zur Unterscheidung der Geister, wie sie Ignatius von Loyola aufgestellt hat. Letztere genauer zu beschreiben, würde den Rahmen dieses Buches sprengen.

---

[3] Vgl. etwa: Stecher, Reinhold: Die leisen Seiten der Weihnacht. S. 14
[4] Spadaro, Antonio SJ: Das Interview mit Papst Franziskus. S. 60

Gott spricht zu uns: Das sanfte Gewissen

Vom Richten
Richtet nicht, dann werdet auch ihr nicht gerichtet werden. Verurteilt nicht, dann werdet auch ihr nicht verurteilt werden. Erlasst einander die Schuld, dann wird auch euch die Schuld erlassen werden. (Lk 6,37)

Ich bin sicher, Gott leitet uns Menschen, wenn wir nur halbwegs guten Willens sind, schon lange, bevor wir Ihn als persönlichen Ansprechpartner erfahren. Christen glauben, dass Gott im Gewissen zu allen Menschen spricht[5].

Früher, als Taufscheinchristin, erlebte ich das Gewissen hauptsächlich als „schlechtes", als eines, das sich meldet, wenn ich etwas Böses getan hatte und es nicht wahrhaben wollte. Es war unangenehm, das Gewissen zu vernehmen, da wollte ich lieber nicht hinhören.

Hier nun eine Erfahrung, dass das Gewissen auch ganz sanft helfen kann, den richtigen Weg zu finden:

Meine Grundschulerziehung fand in einer Klosterschule statt (meine Eltern hatten keine andere Wahl, in unserem Bezirk gab es nur diese Volksschule). Unsere Lehrerin war sehr streng. Die Bildung wurde uns buchstäblich eingebläut. Auch wenn heute oft betont wird, dass nur gelernt und behalten wird, was unter positiven Vorzeichen geübt wird und nicht unter Strafandrohung, so gilt doch, dass Kindergehirne gut lernen, und was man als kleines Kind lernt, bleibt lange haften.

---

[5] Ich setze voraus, dass es bekannt ist, dass das Gewissen irren kann, dass es verschüttet sein kann und dass es gebildet werden muss.

Preist den Herrn, all ihr Gewächse auf Erden; lobt und rühmt ihn in Ewigkeit! (Dan, 3,57)

Wäre es anders, hätte kaum ein Mädchen unserer Klasse Lesen, Schreiben, Rechnen und Sachkunde gelernt. Wahr ist an der modernen Theorie sicherlich, dass Inhalte angstbesetzt bleiben können, wenn sie unter Drohungen und Strafen gelernt werden. So entstand bei mir wohl ein religiöser Glaube, den ich als einengend empfand. Oft dachte ich, das Leben wäre einfacher, hätte ich die Klostererziehung nicht genossen, denn dann hätte ich kein schlechtes Gewissen, wenn ich etwas tat, was gemäß der Erziehung in der Volksschule Sünde war.

Jedenfalls versuchte ich als Heranwachsende, mich aus den Fesseln der Klostererziehung zu befreien. Allerdings ging ich weiterhin meistens zur Sonntagsmesse, sodass ein paar Verse des Evangeliums wohl in meinem Gedächtnis haften blieben. Die Stimme des Gewissens benützte das karge Wissen, indem sie eines Tages die Worte „richtet nicht" vor mich hinstellte. Ganz selbstverständlich waren diese Worte da, ohne Tadel, sogar ohne Forderung. Aber der Sinn der Worte ging mir plötzlich auf: ich erkannte, wie oft ich über andere richtete. Die Kritik an allem und jedem war nachgerade ein Charakterzug. Niemand war mir gut genug, selbst wenn jemand Positives über einen Bekannten berichtete, warf ich sofort ein „aber" in das Gespräch hinein, um etwas Negatives über diese Person zu sagen. Ich meinte wohl, damit meinen Scharfsinn zu beweisen, indem ich an allen herumkritisierte. Ich setzte meine ganze Intelligenz und meinen Witz dafür ein, andere herabzusetzen. Ich wusste alles besser.

Psychologisch betrachtet könnte man sagen, dass diese Kritik- und Geltungssucht wohl einem Minderwertigkeitskomplex entsprang, der mich zwang, andere zu kritisieren, um selbst bestehen zu können. Überdies hatte ich dieses Verhalten aus meiner unmittelbaren Umgebung übernommen, nämlich von mir nahe stehenden Menschen, die ihre Umwelt genau unter die Lupe nahmen und mit unangenehmen Worten bedachten, was immer ihnen missfiel. Das also hatte mich geprägt. Was aber hätte mir diese Erkenntnis genützt? Wie wäre ich von meinem Verhalten weggekommen?

Gott hat Seine eigene Therapie gewählt, um mich aus diesem negativen und schädlichen Verhalten herauszuführen. Ganz sanft führte mich Seine Hand von Erkenntnis zu Erkenntnis: zunächst fielen mir die großen Brocken meines Versagens auf, und ich bekam Sehnsucht, mich zu ändern, und die hässliche Besserwisserei zu lassen. Und siehe da: Was wie ein Zwang gewesen war, brauchte ich bald nicht mehr: Es war nicht so, dass ich eine Kritik, die mir auf der Zunge lag, krampfhaft hinunterschlucken musste, sondern die Änderung erfolgte dadurch, dass ich nicht mehr das Bedürfnis hatte zu kritisieren. Ich konnte die Schwächen der anderen akzeptieren. Schritt für Schritt erfolgte diese Veränderung, die von meinen Mitmenschen sicherlich mit Freude aufgenommen wurde.

Ich fürchte, ich war vor dieser Zeit eine ziemlich unangenehme Zeitgenossin, und ich wundere mich heute noch, dass mich irgendjemand leiden mochte, wo ich doch an niemandem ein gutes Haar ließ. Ich danke allen, die mich trotzdem annahmen und mir ihre Freundschaft schenkten. Ich weiß, es ist auf diesem Weg noch viel zu tun, denn dieser Fehler sitzt tief in mir und ist wohl ein Grundübel meiner Person, denn ich merke, dass er sich verschlimmern kann, wenn ich im geistlichen Leben nachlasse. Dass dieses Kapitel am Anfang dieses Büchleins steht, ist kein Zufall, und schon gar kein Zufall ist es, dass mir Gott gerade bei dem oben beschriebenen Fehler so nachdrücklich und gleichzeitig so zärtlich auf die Sprünge half. Hier ist nämlich die Rede von der Wirkung, die das Wort hat: Gottes Wort wirkt[6], aber da wir Abbild Gottes sind, wirken auch unsere Worte. Gute Worte aus unserem Mund bewirken Gutes in uns und in den Mitmenschen. Wir sind aber durch die Erbsünde beeinträchtigt, also denken und sprechen wir auch böse Worte. Und auch diese wirken! Es ist also gut, unsere Zunge im Zaum zu halten, und vor allem Gott zu bitten, dass er das in uns tut, denn wir sind so schwach. Zum einen merken wir meist gar nicht, was wir mit unserem Gerede anrichten, zum andern können wir allein nicht Herr werden über unsere Geschwätzigkeit. Es bleibt eine lebenslange Aufgabe, und Gott möge uns dabei helfen und unsere Verfehlungen verzeihen.

Dankbar bin ich für das Wunder des Gewissens, welches sanft und ohne Vorwurf, aber nachdrücklich Hinweise gibt und auf diese Weise gleichzeitig Besserung der Fehler und Heilung der Verletzungen ermöglicht.

***

---

[6] S. S. 9

Es jauchze die Flur und was auf ihr wächst. (Ps 96,12)

Gebet

Mein Vater im Himmel, ich danke Dir,

dass Du eine Richtschnur

in unser Herz eingepflanzt hast.

Du sprichst durch den Heiligen Geist

unmittelbar zu uns.

Durch Deinen Sohn

haben wir Dein gültiges Wort erfahren.

Im Gewissen schenkst Du uns,

was wir heute an Hinweisen und Korrektur

nötig haben.

Bitte vergib mir,

dass ich über andere Menschen

Schlechtes gedacht und geredet habe.

Reiß das Verlangen nach Überlegenheit

aus meinem Herzen.

Gib mir Demut und Nachsicht

gegenüber meinen Mitmenschen.

Schenk mir eine gesunde Selbsteinschätzung.

Danke,

dass Du mich annimmst, wie ich bin.

Danke,

dass Du änderst, wo es bei mir nötig ist.

Danke,

dass Du Dich aller Menschen annimmst

und dich ihrer Schwächen erbarmst.

Ein Handel mit Gott

Bittet, dann wird euch gegeben; sucht, dann werdet ihr finden; klopft an, dann wird euch geöffnet. Denn wer bittet, der empfängt; wer sucht, der findet; und wer anklopft, dem wird geöffnet.

Oder ist einer unter euch, der seinem Sohn einen Stein gibt, wenn er um Brot bittet, oder eine Schlange, wenn er um einen Fisch bittet?

Wenn nun schon ihr, die ihr böse seid, euren Kindern gebt, was gut ist, wieviel mehr wird euer Vater im Himmel denen Gutes geben, die ihn bitten. (Mt 7,7-11)

Eine Geschichte aus der Zeit, bevor ich mich intensiv mit der Heiligen Schrift befasste. Eine Geschichte von einem Handel. Damals kannte ich Gott noch nicht persönlich. Ich wusste nicht, dass man mit Ihm über alles sprechen kann und Ihn um alles bitten – und dass Er zuhört und handelt.

Es geschah als ich noch keine 30 Jahre alt war. Mein Vater führte ein Leben, das gemäß medizinischen Lehrbüchern alle klassischen Risikofaktoren für einen Herzinfarkt erfüllte, und den bekam er denn auch, als er 56 Jahre alt war.

Ich war damals während der Sommerferien auf einer Berghütte, weit weg von Zivilisation und Telefon. Wir stiegen auf die umliegenden Berge, reparierten das Dach und den Kamin des Blockhauses, hackten Holz für den Wintervorrat und saßen an den Abenden beisammen, sangen und plauderten.

Eines Tages war ich seltsam unruhig und redete unaufhörlich über meinen Vater. Alles, was er meiner Meinung nach an Vaterpflichten versäumt hatte und dadurch vermutlich an Schaden angerichtet hatte, redete ich mir von der Seele. Es hatte sich über die Jahre diesbezüglich ziemlich viel aufgestaut. Seinem Negativbeispiel als Ehemann gab ich die Schuld, dass meine Beziehungen zu Männern immer wieder schmerzhaft in die Brüche gingen und dass meine ganze Lebenshaltung von Pessimismus und Gefühlen der Sinnlosigkeit geprägt war. Ob meine Vorwürfe zu Recht waren oder nicht, meine Freunde hörten mir jedenfalls geduldig zu.

Da kam überraschend eine meiner Freundinnen zur Hütte aufgestiegen, um mich ins Tal zu holen. Meine Mutter hatte sie geschickt, weil mein Vater lebensbedrohlich erkrankt war.

Er überlebte zunächst ohne schlimmere Folgen, da er sofort ins Spital gebracht worden war und dort bestens versorgt war. Er bekam viel Besuch von seinen Freunden und war recht zuversichtlich. Er fasste gute Vorsätze für das „Leben danach". Er wurde schon nach einigen Tagen von der Intensivstation in ein Einbettzimmer verlegt. Ich besuchte ihn dort, um mich zu verabschieden, denn mich zog es wieder auf die Berghütte. Er bot mir sein Mittagessen an, denn er wollte die Gelegenheit des Krankenstandes nützen, um auch ein wenig abzunehmen. Es sah also ganz nach Genesung aus, also machte ich mich ohne Sorgen auf den Weg.

Auf der Hütte angekommen, beteiligte ich mich wieder an der Arbeit. Wir erledigten alles was nötig war, um die Hütte winterfest zu machen. Meine Ferien gingen zu Ende und ich stieg wieder ab.

Ich kam gerade rechtzeitig nach Hause um zu erfahren, dass mein Vater einen zweiten Herzinfarkt bekommen hatte und im Koma lag. Er lag wieder auf der Intensivstation, atmete durch einen Schlauch und musste mehrmals am Tag mittels einer Sonde vom Schleim in der Luftröhre befreit werden, damit er nicht erstickte, denn er hatte einen bösen Bronchialkatarrh und konnte nicht selbsttätig abhusten. Das schien eine grausame Tortur zu sein, denn obwohl er im Koma lag und allem Anschein nach gar nichts wahrnahm, bäumte er sich jedes Mal auf, wenn diese Prozedur ausgeführt wurde. Ein schockierender Anblick.

Meine Mutter und ich begaben uns ratlos und verstört auf dem Korridor. Wir versuchten, mit dem Primar zu sprechen, aber dieser wies uns barsch ab: „Sie sehen doch, dass da nichts mehr zu machen ist." Da standen wir, unfähig, in irgendeiner Weise zu reagieren. Die Welt schien still zu stehen. Eine Krankenschwester hatte uns beobachtet. Sie wollte uns trösten „Wissen Sie" sagte sie, „Ich habe hier schon viele Wunder gesehen."

Das löste die Erstarrung. Wir gingen nach Hause.

Ein Wunder? Ja, ich wollte ein Wunder haben. Wunder kommen von Gott, also begann ich zu Ihm zu sprechen, ungefähr so: „Ich hätte gerne ein Wunder, egal welches. Ich nehme jedes. Dafür werde ich ab nun jeden Sonntag zur Messe gehen. Ich werde mir meine Berg- und Schitouren so einrichten, dass ich die Sonntagsmesse nicht versäume. Notfalls sage ich eine Bergtour auch ab, wenn sich sonst die Messe nicht ausgeht."

Ich meinte es ernst und Gott nahm mich beim Wort.

Nach einigen Tagen merkte ich, dass Vaters Pupillen hinter den halb geschlossenen Lidern meinen Bewegungen folgten. Ich machte eine Krankenschwester darauf aufmerksam.

Aber in diesem Moment waren die Augen wieder starr. Am nächsten Tag bestätigte eine Schwester meine Beobachtungen und informierte den Arzt. Er glaubte uns nicht, denn wieder waren die Augen unbeweglich. Lidreflexe kämen schon vor, meinte er. Aber uns schien es nicht nur ein Reflex zu sein. In den nächsten Tagen waren die Reaktionen schon deutlicher. Seine Augen folgten uns tatsächlich, wenn die Schwestern oder ich vor seinem Bett hin und her gingen. Bei den (männlichen) Ärzten tat er das hingegen nicht. Schließlich war er aber so „wach", dass auch die Ärzte nicht mehr von einem Pupillenreflex sprechen konnten. Vater war tatsächlich am Aufwachen.

Nach ein paar Tagen hielt er für längere Zeit die Augen offen, schaute umher, richtete seine Blicke gezielt auf Personen und Objekte. Keine Zweifel, er war wach. „Ein Wunder!" hörte ich im Spital Menschen sagen. Ich war vorsichtig. Was für eine Art Wunder war das wohl? Ich sah seine Augen: wach, wahrnehmend, aber unschuldig und unbeschrieben wie die eines Neugeborenen. Seine Lebensgeschichte war ausgelöscht. Die Ärzte sprachen von einem Hirnschaden, über das Ausmaß wollten sie noch nichts sagen. Ich hatte ein Wunder erbeten. So konnte es eher nicht aussehen.

Mein Vater machte Fortschritte. Da der Beatmungsschlauch entfernt war, konnte er versuchen zu sprechen: als er die Lippen bewegte und heisere Laute ausstieß, merkten wir, dass er die Aufschriften auf den Paketen, die auf einem Regal gegenüber seinem Bett gelagert waren, las. Es schien ihm Vergnügen zu bereiten, seine früheren Fähigkeiten wieder wach zu rufen. So entwarfen die Ärzte, die ihn trotz Erwachens zunächst abgeschrieben hatten, einen Therapieplan. Als er transportfähig war, wurde er nach Innsbruck zu einem bekannten Primar geschickt, der eine Kapazität auf dem Gebiet der Hirnforschung und Rehabilitation war. Wir setzten alle Hoffnung auf diesen Mann.

Er erreichte, was zu erreichen war: in den folgenden Monaten lernte Vater wieder gehen, sprechen und einfache Tätigkeiten zu verrichten. Er konnte selbstständig essen und sich ankleiden. Aber sein Gedächtnis war nachhaltig zerstört. Auch seine Lernfähigkeit blieb beschränkt. Er wusste nicht, wer wir waren, obwohl er imstande war, Familienangehörige als solche zu erkennen, aber er erinnerte sich nicht an Namen, und war sich über die Generationen völlig im Unklaren. Ihm fehlten offensichtlich mindestens 25 Jahre, denn er deutete seine Enkel auf Grund der Familienähnlichkeit als seine Kinder.

Man entließ ihn in häusliche Pflege. Eine schwierige Zeit begann für meine Mutter und mich. Da Vater völlig desorientiert war und nicht wusste, wo er sich befand und sein Zuhause nicht als solches erkannte (wir waren erst ungefähr ein Jahr von seiner Erkrankung dorthin gezogen), geschah es immer wieder, dass er in einem unbeobachteten Moment die Wohnung verließ und draußen umherirrte. Dabei kam er oft erstaunlich weit, bis wir ihn fanden. Es war klar, dass eine von uns beiden immer anwesend sein musste, wollten wir uns nicht immer wieder auf die Suche nach ihm machen. Meine Mutter war im Krankenstand, so war sie diejenige, die der „Hausarrest" am härtesten traf. Ich unterrichtete am Gymnasium und musste zwangsläufig aus dem Haus. Wenn ich heimkam, hatte sie dann Gelegenheit, fortzugehen, um Einkäufe zu erledigen. Keine von uns wollte die andere zu Hause festhalten, und so kam es bald zu der grotesken Situation, dass wir beide so viel wie möglich zu Hause blieben, damit die andere nicht das Gefühl hatte, festgenagelt zu sein. Zudem war Vater alles andere als ein einfacher Patient. Eine Zeitlang verweigerte er die Nahrung. Dann wieder litt er unter fixen Ideen, begann Koffer und Rucksäcke zu packen, weil er ins „Manöver" musste. Wir baten schließlich den Korpskommandanten, Vater anzurufen, um ihm offiziell mitzuteilen, dass das Manöver abgesagt war, damit er aufhörte, die ganze Wohnung auf den Kopf zu stellen.

Manchmal spuckte er Nahrungsmittel wieder aus und verteilte sie so über die ganze Wohnung. Dann wurde er von Aufräumwut gepackt und stopfte Dinge, die er nicht haben wollte, in die Toilette.

Es ging in dieser Art weiter. Ich verzichte auf mehr Details. Vater lernte noch ein bisschen dazu, aber es kam ein Punkt, ab dem es stetig und unaufhaltsam abwärts ging. Allmählich verlor er die wieder erworbenen Fähigkeiten, brauchte schließlich Windeln und konnte nicht mehr daheim gepflegt werden. Ich war mittlerweile schon seit Jahren in Wien und kam nur mehr alle paar Wochen und in den Ferien nach Hause. Meine Mutter hatte zwei Herzinfarkte hinter sich und daraufhin endlich eingewilligt, dass Pflegekräfte von außen kommen durften. Vorher hatte sie das strikt abgelehnt - die Familie sollte alles leisten.

Schließlich war die Arbeit auch mit Pflegekräften nicht mehr zu schaffen, und Mutter bekam für ihn einen Platz in einem nahe gelegenen Heim. Letztlich holten wir Vater nur mehr für Ausflüge aus dem Pflegeheim. Neun Jahre nach dem Infarkt starb er friedlich.

Wollte ich nicht über ein Wunder schreiben? Was war nun das Wunder?

Es stellte sich allmählich ein. Dennoch war es deutlich zu erkennen. Gewiss war es nicht die Tatsache, dass Vater entgegen aller Erwartungen der Ärzte aufwachte und einige seiner früheren Fähigkeiten wiedererlangte. Für ein Wunder waren die Aufgaben, die uns sein Überleben bescherte, viel zu schwer. Das wäre ein zynischer Gott, der uns damit „beschenkt" hätte.

Was geschah aber wirklich?

In meinem Inneren vollzog sich ein Wandel. Zunächst einmal hielt ich mein Versprechen. Ich ging regelmäßig zum Sonntagsgottesdienst, obwohl es bei meinem Faible fürs Klettern und Schifahren manchmal gar nicht so einfach war, mich von den Kameraden loszueisen und eine verlockende Bergtour sausen zu lassen, um zur Messe zu gehen.

Einmal war das besonders kompliziert: ein paar meiner Bergkameraden und ich hatten uns in der Karwoche auf einer einsamen Berghütte auf ungefähr 1 800 m Seehöhe einquartiert. Dort lag noch meterhoch Schnee und das Wetter war nicht ideal, aber der Wetterbericht verhieß Besserung für die folgenden Tage. Wir versuchten uns wohnlich einzurichten und, so gut es in der zugigen Hütte möglich war, warmzuhalten. Das Wetter blieb unsicher und die Lawinengefahr groß, sodass während der ganzen Woche keine einzige Bergtour möglich war. Am Samstag kamen noch ein paar unserer Freunde. Ein paar von der Gruppe stiegen mit den Schiern auf den am nächst gelegenen Hang, traten aber ein Schneebrett los und kehrten wieder um. Zum Glück war niemand unter die Lawine gekommen.

Es kam der Ostersonntag und ich packte meinen Rucksack, weil ich zur Messe gehen wollte. „Was, jetzt, wo es endlich gutes Wetter für eine Schitour gibt, willst du abfahren?"

„Ja", sagte ich, erklärte nichts weiter und verabschiedete mich. Für mich war die Schiwoche vorbei, denn der Aufstieg zur Hütte war zu weit, um für den Montag wieder zurückzukommen.

Ich machte mich auf die lange Abfahrt. Es war noch früh am Morgen und der Schnee so kalt, dass meine Schi kaum gleiten wollten. Ich musste mit den Stöcken anschieben. Auch im Talschluss, wo unsere Autos parkten, war es noch schattig und bitter kalt. Die Türschlösser waren zugefroren. Nur der Kofferraum ließ sich öffnen. Mein Auto war ein Kombi und so kroch ich über den Kofferraum Richtung Lenkrad. Aber ich konnte noch immer nicht wegfahren. Vor meinem Wagen stand der eines Bergkameraden. Dieser hatte mir zwar seinen Wagenschlüssel mitgegeben, damit ich sein Auto wegfahren konnte, aber dieses ließ sich nicht starten. Alles war eingefroren und schien sich gegen meine Absicht zum Ostergottesdienst zu gehen, verschworen zu haben. Ich ging zum nächsten Bauernhof und bat um Hilfe. Offensichtlich kam kaum je ein Tourist in diese Gegend, denn der Bauer nahm mich sofort in Beschlag, führte mich in die „Stube" und zeigte mir seinen größten Schatz: einen Telefonapparat. (Mich interessierten die roh geschnitzten Figuren, die zwischen den winzigen Fensterflügeln standen, weit mehr). Er wählte eine Nummer und deutete durch die Tür zum nächsten Hof: der Nachbar, der vor dem Haus gearbeitet hatte, ging eben hinein. Sein Telefon läutete nämlich. Der Bauer hätte genauso gut rufen und winken können, aber er war einfach so stolz auf sein Telefon.

Ich hebe meine Augen auf zu den Bergen: Woher kommt mir Hilfe?
(Ps 121,1)

Nach kurzer Unterredung kam der Nachbar mit dem Traktor. Mit vereinten Kräften wurde mein Auto befreit und ich konnte wegfahren. Endlich war auch die Sonne gekommen und die Wagentüren aufgetaut.

Ich fuhr die Bergstraße hinunter in den Frühling. Eine Woche lang war ich nur von Schnee und Eis umgeben gewesen und nun empfing mich eine Blütenpracht, je weiter talwärts ich kam. Ich erreichte gerade noch den Abendgottesdienst in der Stadt. Die „Wintergeister" hatten es nicht geschafft, mich vom Gottesdienst abzuhalten. Ich feierte Auferstehung.

Und auch mein Leben wurde neu. In den Monaten nach meinem „Handel mit Gott" fielen Stück für Stück festgefahrene negative Denk- und Verhaltensweisen von mir ab. Vorher war mein Reden und Handeln von Kritiksucht und pessimistischen Erwartungen geprägt gewesen. Mir war das gar nicht aufgefallen, denn ich hatte es nie anders gekannt. Für meine Umgebung muss das sehr belastend gewesen sein. Heute bin ich dankbar, dass die Mitmenschen mich trotzdem akzeptierten. Pessimismus, Minderwertigkeitsgefühle und missgünstige Kritik drückten mich zwar nieder, aber ich wäre nicht auf die Idee gekommen, mich zu ändern, weil das eben meine Welt war. Mir war bewusst, dass ich unglücklich und unzufrieden war, erkannte aber nicht, warum das so war. Das änderte sich nun. Ich begann mich freier und fröhlicher zu fühlen. Dinge gingen mir leichter von der Hand. Ich belegte einen Malkurs auf der Volkshochschule und übersiedelte nach Wien, als die Kursleiterin in Pension ging und es keine vergleichbare Veranstaltung vor Ort gab. Ich spürte Kraft und Freude in mir, wie ich sie noch nie vorher gehabt hatte.

Und diejenigen, die mich lange genug kannten, um die Veränderung zu bemerken, sagten das auch: „Die Traude ist viel netter geworden."

Das Leben war lebenswert und sinnvoll geworden. Das war das Wunder!

Die Änderung war ohne mein Zutun geschehen. Deswegen brauchte ich auch sehr lange, bis ich sie überhaupt begriff. Manchmal, vor allem in Krisenzeiten, gab es Rückfälle, aber grundsätzlich blieb mir das Geschenk einer positiven Lebenseinstellung erhalten, ohne dass ich mich anstrengen oder „zusammenreißen" musste.

Gott arbeitete in den folgenden Jahren noch viel an seinem eigensinnigen Kind, denn noch viele negative Eigenschaften klebten an mir. Es kamen auch noch düstere Zeiten, in denen ich verzagen wollte und aus eigener Kraft nicht heraus kam. Kann es denn für einen einzelnen Menschen mehrere Wunder geben, um ihn aus dem Sumpf der Verzweiflung zu holen? So fragte ich mich später einmal, als ich wieder ganz tief unten war. Und ich erfuhr wieder, wie großzügig der barmherzige Gott ist. Und weil Gott unendlich gut ist, bemüht er sich immer wieder um seine wankelmütigen Kinder.

***

Gebet

Jesus, Du sagst, dass wir um alles bitten dürfen.

Du zeigst uns, dass der Vater im Himmel gut ist

und uns nur das gibt, was für uns gut ist.

Niemals wird Er uns etwas Schlechtes geben,

wenn wir Ihn bitten.

Ich vertraue, dass ich Gutes bekomme.

Mein Herr und mein Gott!

Ich danke Dir für die Überfülle der Gnaden.

Du kennst mich in- und auswendig.

Du hast Gaben in mich hineingelegt.

Alles Gute kommt von Dir.

Du siehst meine Fehler und Schwächen

und Du gibst mir Deinen Geist,

damit ich meine Sünden erkenne.

Unablässig arbeitet Deine Hand an mir.

Du machst mich fit für den Platz,

den Du mir in Deinem Reich bereitet hast.

Dir allein sei Lob und Preis!

Himmelreich – Frühling in der Seele

Euch aber muss es zuerst um sein Reich und um seine Gerechtigkeit gehen; dann wird euch alles andere dazugegeben (Mt 6,33)

Das „Wunder", das ich damals, als mein Vater krank wurde, erlebte, zeigte mir zwar, dass Gott mich hört, aber ich erfuhrt Ihn noch nicht als täglichen Gesprächspartner. Das lernte ich erst einige Jahre später. Die innere Heilung war zunächst nur zu einem ganz kleinen Teil geschehen. Später erfuhr ich, dass man mit Gott persönlich in Kontakt treten kann, so real, wie ich mit meinen Mitmenschen kommuniziere.

Es geschah in einer Zeit – ich war Mitte dreißig – als sich alles verwirrte und mir mein Leben total sinnlos erschien.

Seit meiner Jugend hatte ich immer wieder an Depressionen gelitten. Zeiten, in denen ich mich halbwegs gut fühlte, wechselten ab mit solchen, in denen mir vorkam, als hinge eine graue Wolke über meinem Leben, die alles, was ich dachte und tat und was sich um mich abspielte, einhüllte und freudlos machte. Und nun war ein absoluter Tiefpunkt erreicht, wie ich ihn so intensiv und lange noch nie erlebt hatte. Ich war deprimiert, lustlos, fand keinen Sinn in meinem Leben, und im Beruf ging es mir so schlecht wie nie zuvor. Und weil der Beruf zur Qual wurde, verstärkte sich auch die Depression. Auch mein Körper reagierte, indem das Immunsystem immer schwächer wurde. Kaum hatte ich mich von einem grippalen Infekt erholt und wankte zur Arbeit, folgte die nächste Erkrankung. Monatelang hatte ich ständig erhöhte Temperatur. Es war ein Teufels-kreis.

Misserfolg im Beruf und Einsamkeit im Privatleben – ich sah keinen Ausweg, sah nur die Sinnlosigkeit meines Daseins.

Ich ging zu meinem Hausarzt, klagte ihm mein Leid und meinte, ich sollte wohl zu einer Psychotherapie gehen. Er meinte nur: „Sie brauchen einen Mann, und den kann ich Ihnen nicht geben." Er verschrieb mir ein durchblutungsförderndes Mittel, das ich nicht einnahm, weil ich mir nichts davon versprach.

Ich kann nicht sagen, wann Mt 6,33 in meinem Gemüt auf-tauchte. War es vor der Begegnung mit den Schwestern, die auf der Straße Lieder von Gott sangen, oder nachher? Ich weiß es nicht mehr. Jedenfalls stieß ich damals auf eine Gruppe Schwestern, die Straßenevangelisation machten, und eine da-von, Christine, redete mich an und sagte, dass es bald ein Se-minar geben würde, auf dem auch sicher Wunder geschehen würden, wie schon oft auf solchen Seminaren. Sie sah wohl meinem Gesicht und meiner Körperhaltung an, dass mich nur noch ein Wunder retten konnte. Ich fragte mich indessen, was für Wunder das sein könnten, ob Wunder nicht einer längst ver-gangenen Zeit angehörten. Ob sie denn auch für Normal-Sterbliche unserer modernen Zeit zu haben wären? Außerdem hatte ich doch schon eines bekommen, stand mir denn noch ei-nes zu? Die Wirkung des damaligen Wunders war schon ziem-lich verblasst und das Zutrauen zu Gott erst recht. In den fol-genden Monaten war fast dauernd der Satz in mir: sucht zuerst das Reich Gottes, alles andere wird euch dazu gegeben.

Das entspricht zwar nicht ganz dem Wortlaut der Einheitsübersetzung bzw. anderen gängigen Bibelübersetzungen, aber ich war damals keine Bibelleserin. Ohne diesen Satz bewusst zu denken, stand er gewissermaßen vor mir. Er war einfach da.

Der Termin des erwähnten Seminars rückte heran, und mir war klar, dass ich dorthin gehen musste.

Nach einem anstrengenden Tag ging ich zum Veranstaltungsort, einer großen Kirche. Ich war müde, ja mehr als müde, erschöpft. Ich wollte mich nur hinsetzen und nichts mehr denken. Erstaunt bemerkte ich, dass in den Kirchenbänken keine Plätze mehr frei waren. Ich fand einen niedrigen Hocker. Ich setzte mich und lehnte mich an die Bank daneben. Die Stimme des Vortragenden quäkte irgendwie leise an mein Ohr – ein Ausländer, der schlecht deutsch sprach. In meiner Verfassung und von meinem bodennahen Standort aus konnte ich kaum etwas verstehen.

Beim Heimgehen merkte ich, dass einige Worte hängen geblieben waren: der Vortragende hatte aus dem Buch Deuteronomium zitiert und daraus eine Forderung an seine Zuhörer abgeleitet: Hiermit lege ich dir heute das Leben und das Glück, den Tod und das Unglück vor. ... Wähle also das Leben ... (Dtn 30,15.19)

In meinem Inneren wiederholten sich beständig diese Worte in der Version des Vortragenden: Entscheide dich heute für das Leben, entscheide dich für Jesus Christus. Ich war zu müde, um diese Worte zu verscheuchen. Sie folgten mir, als ich versuchte, mich zum Schlafen niederzulegen.

Nun klangen die Worte in meinem Inneren in einer neuen Variation: „Entscheide dich für mich. Folge mir nach."
Darauf antwortete ich im Stillen: „Ich denke nicht daran."
Die Stimme schwieg. Ich setzte innerlich die Debatte fort: Ich hielt Jesus alle Einwände vor, die mir gegen eine Nachfolge einfielen: „Schau dir doch deine Heiligen an! Man hat sie verprügelt, umgebracht, verachtet, sie waren verarmt, mussten leiden und vieles mehr."
Jesus sagte nichts, aber sein „Folge mir nach" blieb vor mir.

Ich weiß nicht mehr, wie lange ich versuchte, Argumente gegen die Nachfolge zu finden, aber irgendwann in dieser Nacht gab ich nach und sagte: „Nun gut, schlimmer kann es nicht mehr werden, so entscheide ich mich eben für dich."

Als ich am Morgen aufwachte, dachte ich nicht mehr an den nächtlichen Kampf. Ich ging zur Schule, meinem Arbeitsplatz als Gymnasiallehrerin. In der vierten und letzten Stunde an diesem Samstag musste ich in der 5b-Klasse unterrichten, die mir immer besonders zusetzte. Diesmal waren die Schüler freundlich und ruhig, sie arbeiteten ohne Wenn und Aber mit, als plötzlich die Türe aufging und der Herr Direktor unangemeldet eine Inspektion abhielt. Natürlich wussten die Schüler, dass bei so einer Aktion nicht sie selbst, sondern der Lehrer geprüft wurde. So kam es denn auch vor, dass bei einer Inspektion die Kinder sich oft ganz besonders unleidlich benahmen. An diesem Tage jedoch ging alles wunderbar, und nach der

Stunde gratulierte mir der Direktor zu meiner „überlegenen Ruhe".

Das war der erste Hinweis, dass in meinem Leben etwas anders geworden war.

So schnell wie möglich ging ich nach dem Unterricht zur Fortsetzung des Glaubensseminars. Diesmal hatte ich einen besseren Platz und konnte den Vorträgen und Gebeten besser folgen. In der Mittagspause war Beichtgelegenheit und ich ging zum ersten Mal in meinem Leben nicht mit Widerwillen, Scham und aus purem katholischem Pflichtgefühl zum Priester, sondern mit Freude darüber, dass ich den angesammelten Seelenmist loswerden würde. Was für eine Befreiung! Ich hätte am liebsten getanzt.
Der Rest des Seminars verlief in einem ruhigen Glücksgefühl.

Das Seminar bescherte mir nicht nur eine völlige Umkehr und Neuorientierung, sondern es gab auch Anweisungen, wie man dieses neugewonnene Leben hegen und pflegen und zum Wachsen anregen kann. Bis heute sind mir diese Hinweise wertvoll und hilfreich.

Meine Lebensumstände hatten sich in keiner Weise geändert, aber mein Inneres war komplett umgekrempelt worden, sodass ich mit meinen Aufgaben leichter fertig wurde und außerdem von einer positiven Grundstimmung getragen wurde. Das hat sicherlich dazu beigetragen, dass sich meine körperliche Gesundheit besserte, die Fieberschübe und das Krankheitsgefühl verschwanden. Dadurch verbesserte sich auch das Arbeitsklima, denn ich ging den Kollegen nicht mehr mit wiederkehrenden Krankenständen auf die Nerven. Auch die Depressionen verschwanden. Ich brauchte eine Weile, bis ich begriff, dass diese gemeinen Gefühlszustände, die mir den Alltag, meine Arbeit und mein soziales Leben so schwer gemacht hatten, nicht mehr wiederkamen. Erst nach vielen Jahren sagte ich zu mir selbst: Die Depressionen sind weg, das musst du wohl endlich glauben.

Ich hielt mich an die Anweisungen für ein geistliches Leben und freute mich täglich auf die Zeit, die ich mit Jesus verbringen durfte. Das war das eigentlich Neue in meinem Leben: ich hatte Jesus persönlich kennengelernt! Ich hatte nicht ein Etwas gefunden, also eventuell die Lösung meiner Probleme, einen passenderen Beruf, und schon gar nicht den Traummann, sondern einen Vorgeschmack auf das Reich Gottes in der Kommunikation mit Jesus Christus. In Ihn verliebte ich mich. Die Liebe auf meiner Seite war nicht immer beständig, aber die Suche nach dem Reich Gottes wurde eine Lebensaufgabe. Umgekehrt suchte auch Jesus immer wieder nach mir, wenn ich mich zu weit von Ihm entfernte.

***

Gebet

Jesus, ich vertraue darauf,

dass Du derjenige bist,

der mir entgegenkommt.

Es liegt nicht an meinem Bemühen,

Dich zu erkennen.

Ich verbanne alles Bemühen,

mit Dir in Verbindung zu treten

und verlasse mich ganz darauf,

dass Du mich siehst.

Ich verweile unter Deinem Blick.

Es ist mir gleichgültig,

ob ich dabei etwas empfinde.

Es genügt mir, dass Du mich siehst

und mich durch und durch kennst und annimmst.

Ich danke Dir für Deine Gegenwart.

Ich danke Dir für den Frieden und die Freude,

die Du schenkst.

Du bist die Quelle des Lebens.

Das tägliche Christsein

Bleibt in mir, dann bleibe ich in euch (Joh 15,4)

Was folgte auf das Gipfelerlebnis beim oben beschriebenen Glaubensseminar?

Nach dem unbeschreiblichen Erlebnis, Gott persönlich zu begegnen, war es ganz klar, dass ich diese Nähe, die mit einem so überwältigenden Glücksgefühl verbunden war, immer haben wollte. Ich lernte rasch, dass ich da selbst etwas dazu beisteuern musste. Das heißt, nun begann die tägliche „Kleinarbeit", die aber gar nicht mühsam war, denn sie war ja getragen von der immer wieder neuen Erfahrung, dass Gott sich mir ganz persönlich zuwandte, und bei mir war, wo immer ich mich befand und was immer ich tat. Es war mir ein Bedürfnis, die auf dem Seminar empfohlenen Übungen einzuhalten. Ich konnte es gar nicht erwarten, mich täglich zurückzuziehen, um mit meinem Herrn allein zu sein. Der Höhepunkt war dann jeweils die Heilige Messe, wo wir ganz erfüllt werden und wohl schon ein bisschen von dem kosten dürfen, was wir einst immer werden. Manchmal packte mich das Geschehen mit solcher Wucht, dass mir die Tränen kamen.

Folgende Anweisungen wurden uns empfohlen (ich glaube, dass die meisten geistlichen Führer ähnliche Empfehlungen machen):

* tägliches Gebet und Bibellesung,
  Lesung von anderer geistlicher Lektüre
* Sonntagsmesse
* regelmäßige (monatliche) Beichte
* Anschluss an eine Gebetsgruppe
* Exerzitien (am besten jährlich)

Wir lernten auch, das Gebet zu strukturieren, sodass es einem leichter fällt, dabei zu bleiben, wenn einem nichts mehr „einfällt", was man mit Gott reden könnte oder wenn man zerstreut wird.

- Dazu werde ich mir zuerst der Anwesenheit Gottes bewusst. Das heißt nicht, dass ich die Anwesenheit „empfinden" muss, sondern ich rufe mir ins Gedächtnis, dass Gott da ist und zuhört, auch wenn ich auf der Gefühlsebene meine, es gäbe Ihn nicht oder Er antworte nicht. Ich sage also zum Beispiel: Gott, Du bist da. Du siehst mich. Ich bin vor dir.

- Dann bekenne ich Gott meine Sünden und bitte um Vergebung. Manchmal möchte ich mich drücken und Entschuldigungen finden, aber da merke ich dann, dass so etwas bei Gott nicht funktioniert, denn Er schaut tiefer. Wenn ich meine Bereitschaft erkläre zu bekennen, was mich von Gott trennt - also auch meine Ängste, Verwirrung und andere Dinge, die nicht unbedingt mit dem herkömmlichen Begriff von Sünde verbunden werden - dann ist Gott es, der mich darauf aufmerksam macht, was mich an Negativem blockiert.

- Auch ich vergebe dann denen, die mir etwas angetan haben, etwas schuldig geblieben sind oder mir einfach auf die Nerven gehen. Zumindest erkläre ich meine Bereitschaft zur Vergebung, denn oft gelingt es nicht, weil eventuell die Verletzung noch zu frisch oder sehr schwer ist. Ich sage dann: Jesus, vergib du in mir.

- Weiters überlege ich, was mir im Leben am wichtigsten ist: hier merke ich meist, wie oft es nicht Gott ist, dem ich am meisten vertraue, sondern etwa meine berufliche Tüchtigkeit und Kreativität, meine finanziellen Reserven, die Versicherungsgesellschaft oder gute Beziehungen. All das ist aber vergänglich und in einer wirklich schweren Krise keine Stütze. Das hatte ich vor dem Seminar existenziell zu spüren bekommen. An dieser Stelle des Gebetes verzichten wir also auf unsere Abhängigkeiten und Bindungen.

- Schließlich nehme ich mein Leben, so wie es ist, als Gottes Willen für mich an. Ich nehme meine Lebensumstände, meine Mitmenschen, mich selbst und meine Lebensgeschichte an. Da geht es mir wohl oft so, dass ich eher meine Bereitschaft dazu erkläre, als dass ich von ganzem Herzen dem zustimmen kann, was mir zustößt und auf das ich keinen Einfluss habe.

Am schönsten ist es, einfach bei unserem Vater zu verweilen und Ihm zu danken.
Ich kann Ihm alle Bitten anvertrauen, meine Sorgen um mich selbst und um meine Mitmenschen bei Ihm abladen.

Ein "Spickzettel" mit den einzelnen Punkten half mir besonders in der ersten Zeit.

Hier also die Kurzfassung:

1. mich sammeln
2. bekennen
3. vergeben
4. verzichten
5. annehmen
6. bitten (für mich und andere)
7. danken

Ich gestehe, dass ich mich nicht immer sklavisch an diese Vorschläge gehalten habe, aber schon die Tatsache, dass es dieses Gerüst gibt, erinnert mich immer wieder daran nicht nachzulassen.

Als ich begann, so zu beten, lernte ich mich selbst immer besser kennen. Ich gewann auch immer tiefere Einsichten über den Dreifaltigen Gott. Das Beste bei diesen Einsichten ist, dass wir dabei nie an ein Ende kommen werden, sondern da gibt es immer neue Überraschungen, die Freude bringen.

Es ist schwer zu beschreiben, was ich in den folgenden Jahren an Geschenken von Gott bekam (nicht, dass ich sie verdiente!). Wenn ich abends, als endlich alles still war und ich nicht mehr vom Getriebe des Alltags und der Arbeit abgelenkt wurde, mich in die Gegenwart Gottes begab, überwältigte mich Seine Nähe geradezu. Ich meinte die Hände ausstrecken zu müssen, um Ihn leiblich berühren zu können.

Ich sprach zu ihm, ging meinen Tag gemeinsam mit Ihm durch, lauschte auf die Korrekturen, die von Ihm kamen, wenn ich etwas falsch gemacht hatte beziehungsweise in negativen Gedanken verharrte, und blieb dann einfach nur still, um die Gegenwart Gottes zu genießen.

Wenn es spät wurde, fiel es mir schwer, mich zu „verabschieden" und schlafen zu gehen. Wie ein kleines Kind, das partout nicht ins Bett gehen will, bettelte ich dann: Lass mich noch ein bisschen bei dir bleiben! Ich komme morgen wieder!

Ich gewöhnte mich daran, Gott bei allen Entscheidungen mit einzubeziehen. Vor schwierigen Begegnungen betete ich, und es kam vor, dass das, was ich sagen sollte, wie eine Art Spruchband vor meinem geistigen Auge erschien. Ich möchte es nicht als Vision bezeichnen, aber die Worte waren da und halfen dann tatsächlich die unangenehme Situation zu entschärfen und eine Lösung zu bringen. Unerwartet fügten sich Ereignisse, bekam ich Hilfe von einer Seite, wo ich es zuletzt erwartete.

Man hört immer wieder, – und ich betone es ja auch selbst – dass man die Erfahrung Gottes nicht an Gefühlen und Empfindungen messen soll. Aber Gott kennt uns Menschenkinder und Er ist es ja auch, der uns mit Emotionen ausgestattet hat. Wir empfinden Gefühle, wenn wir unseren Mitmenschen gegenübertreten, warum also soll das bei unserem Schöpfer anders sein? Gott schenkt uns Glücksgefühle, aber manchmal bleiben sie aus. Vielleicht geschieht das deshalb, damit wir nicht denken, wir könnten es uns selbst zuschreiben, wenn wir Gottes Nähe erfahren. Ganz bestimmt können wir eine Gotteserfahrung nicht „machen". Intensive Geisteserfahrungen sind auch kein Gradmesser unseres geistlichen Fortschritts oder gar Kennzeichen von Heiligkeit. Denken wir nur an Mutter Teresa,[7] die einen Großteil ihres Lebens unter Dunkelheit litt, indem sie die Nähe Gottes nicht fühlen konnte. Wenn uns jedoch solche Erfahrungen zuteilwerden, nehmen wir sie in Dankbarkeit an!

In den auf das richtungsweisende Glaubensseminar folgenden Jahren gab es also eine Menge wunderbarer Freuden und Überraschungen, aber auch Abstürze, Dunkelheiten und Rückschritte. Wenn ich meinte, mit meinen Erlebnissen allein zu sein, zeigte es sich, dass es doch Menschen in meiner Umgebung gab, welche die Nähe Gottes erfahren hatten und sie auch bezeugten, sodass wir uns gemeinsam an unseren Erlebnissen mit unserem Herrn Jesus Christus freuen konnten.

---

[7] Kolodiejehuk, Brian: Mutter Teresa. Komm, sei mein Licht

Die Zusage Gottes

Freu dich, du Unfruchtbare, die nie gebar, du, die nie in Wehen lag, brich in Jubel aus und jauchze! Jes 54,1-10

Dieser Vers trat auf kuriose Weise in mein Leben. Die Situation war folgende:

Ich hatte eine Kehlkopfentzündung, bei der es mir buchstäblich die Sprache verschlug. Ich brachte keinen Ton mehr heraus. Der Arzt verordnete mir für drei Wochen absolutes Sprechverbot. Praktischerweise war gerade Ferienbeginn, also konnte ich mich von aller Welt zurückziehen und den Mund halten. Nach Ablauf der drei Wochen krächzte ich zwar immer noch, aber der HNO-Arzt erlaubte mir wieder zu sprechen. Er riet mir dringend, eine logopädische Therapie zu machen und gab mir auch eine Liste von Logopäden mit. Ich telefonierte mich durch die Liste, hatte aber keinen Erfolg, denn offensichtlich war die Liste uralt, und so erreichte ich niemanden an den angegebenen Telefonnummern. Im Branchenverzeichnis des Telefonbuches wurden Logopäden damals nicht angeführt.

Der Sommer war schon fast vergangen, und es ergab sich, dass ich eine Sängerin und Kabarettistin kennen lernte, die ein Seminar zur Sing- und Sprechschulung anbot. Ich ging hin. Das Seminar war sehr hilfreich, indem es das Singen und Sprechen von verschiedenen Seiten anging, auch verbunden mit gymnastischen Übungen. Es gab auch Partnerübungen. Einmal kam ich dabei mit einem jungen Mann zusammen, dessen Hände sich an meinem Gesicht wunderbar anfühlten. Als ich am Abend zu Hause war, überkam mich plötzlich ein großer Kummer.

Ich spürte immer noch die sanften Hände des jungen Mannes an meinen Wangen, und es kam mir meine Einsamkeit voll zu Bewusstsein. Ach, was vermisste ich doch nicht alles, da ich alleine lebte! Ich hatte keinen Mann, keine Kinder, ich war ja wohl auch nicht mehr jung genug, dass ich noch Mutter werden könnte.

Ich ging voll in meinem Selbstmitleid auf. Doch weil ich darin nicht untergehen wollte, so befahl ich mir selbst: hör auf zu weinen und zornig zu sein, lies lieber ein wenig in der Heiligen Schrift. Ich nahm die Bibel und warf sie, immer noch zornig, aufs Bett. Das Buch öffnete sich und ich kroch auf allen Vieren ganz nahe zur Schrift, denn ich hatte keine Brille auf und kann ohne diese nur in einem Abstand von wenigen Zentimetern lesen. Mein Blick fiel auf den Beginn des 54. Kapitels des Buches Jesaja. „Freu dich, du Unfruchtbare, die nie gebar, du, die nie in Wehen lag, brich in Jubel aus und jauchze!"

Das war eine Stelle wie die Faust aufs Auge. Ich musste lachen. Gott hat Humor, das musste ich schon zugeben. Ironie oder Zynismus traute ich Ihm nicht zu, also las ich weiter, las noch einmal und weiter: „Mach den Raum deines Zeltes weit, spann deine Zelttücher aus, ohne zu sparen. Mach die Stricke lang und die Pflöcke fest! Denn nach rechts und links breitest du dich aus."

Und weiter: „Kann man denn die Frau verstoßen, die man in der Jugend geliebt hat?, spricht dein Gott. Nur für eine kleine Weile habe ich dich verlassen, doch mit großem Erbarmen hole ich dich heim."

Ich las das ganze Kapitel. Da stand auch: „meine Huld wird nie von dir weichen und der Bund meines Friedens nicht wanken, spricht der Herr, der Erbarmen hat mit dir."

Während des Lesens wurde ich immer fröhlicher und zufriedener.

Was für eine Zusage!

Ich brauchte mich nicht zu bemitleiden, nicht zu schämen, nicht verkriechen. Ich würde auf irgendeine Weise fruchtbar werden. Gott würde immer an meiner Seite sein. Mehr noch, Er würde nie aufhören, mich zu lieben.

Ja, ich hatte verstanden, was Gott mir sagen wollte, und meine Traurigkeit verschwand und machte einem Jubel Platz, so wie uns der Vers auffordert es zu tun.

Oft habe ich seither dieses Kapitel gelesen und es hat mich immer wieder getröstet und aufgebaut. Ich entdeckte auch immer mehr Einzelheiten, die alle die wunderbare Zusage Gottes ausmalen und bekräftigen.

Nachtrag. Bin ich denn seither auf irgendeine Weise fruchtbar geworden? Die Beurteilung liegt wohl nicht an mir, denn was immer ich getan, gesagt oder gedacht habe, das jemand anderem oder mir selbst zugutegekommen ist, ist ja nicht mein Werk. Die fruchtbarsten Werke sind immer die, wo wir Gott an uns handeln und uns von ihm führen lassen. Das ist sicherlich oft in meinem Leben geschehen. Oft waren es Kleinigkeiten, da ich ins Gespräch mit Menschen kam und mit einem Wort, das mir spontan einfiel, jemandem helfen konnte, es waren aber auch Entscheidungen und Lebenswenden, die Positives brachten.

Ja, ich wurde fruchtbar.

Gebet

Vater im Himmel. Ich lasse die Botschaft,

die Du dem Propheten Jesaja gegeben hast,
auf mich wirken.

Ich lese die Worte und vertraue,

dass sie von Dir kommen.

Ich höre Dir zu, wie Du mich zum Jubel aufforderst,

weil ich, die ich mich bisher
vom Schicksal benachteiligt fühlte,
wachsen und fruchtbar sein werde.

Ich lasse mir Deine Zusage

auf der Zunge zergehen.

Die Zeit, als ich meinte, verlassen zu sein,

ist vorbei.

Ich kann mich darauf verlassen,
dass Du nicht zornig bist und mich nicht strafst.
Was immer geschieht
und wenn alles rund um mich zusammenbricht,
Du bist bei mir und sprichst mir Deinen Frieden zu.

Ich brauche mich nicht zu schämen vor denen,
die scheinbar besser dran sind als ich.
Ich habe Dich. Du hast mich gerufen.
Du bist ein Gott, der uns anredet.
Du vergisst mich nicht,
sondern Du beschenkst mich.

Übers Wasser gehen

Herr, wenn du es bist, so befiehl, dass ich auf dem Wasser zu dir komme.
Jesus sagte: Komm! (Mt 14,28)

Es hat Zeiten gegeben, da war es für mich kaum möglich, in den Wundern und Zeichen Jesu reale Ereignisse zu sehen. Auch die oben angeführte Stelle war nach meiner damaligen Ansicht selbstverständlich lediglich symbolisch für ein innerseelisches Ereignis akzeptabel. Mit der rein symbolischen Sicht der Erzählungen der Bibel kommt man aber bald an ein Ende, und wenn es nur darum geht, ob denn die Evangelisten etwa nicht im Stande gewesen waren, psychische und emotionale Ereignisse anders als in Symbolen auszudrücken. Aber selbst wenn es symbolisch gemeint ist, dann sind Erzählungen, wie etwa die vom Gang Jesu auf dem Wasser, großartige und zutreffende Schilderungen.

Ich weiß noch, wie ich zu einem gläubigen Freund sagte: „Und selbst wenn die Wunder wörtlich zu nehmen sind – das, was Jesus in meinem Inneren
gewirkt hat, erscheint mir ein noch größeres Wunder, als einen Sturm auf dem Meer zu stoppen."
Mein Freund schaute mich lächelnd an, sagte aber nichts. Ich merkte, dass er keine Schwierigkeiten hatte, diese Erzählung als Realität zu sehen.

Heute wage ich mich allmählich daran, die Wunder Jesu ernst und wörtlich zu nehmen, indem ich mir sage: wenn Gott es geschafft hat, aus dem Nichts einen ganzen Kosmos entstehen zu lassen, dann kann es für ihn ja nur ein Klacks sein, einem Sturm zu befehlen.

Ob ich die Geschichte nun wörtlich oder symbolisch verstehen kann, spielt aber in dem Moment keine Rolle, wenn ich die Heilige Schrift daraufhin untersuche, was sie mir heute in meiner ganz individuellen Situation sagen kann. Denn es ist eine der möglichen Arten, an die Bibel heranzugehen, sie zu fragen: Was sagt mir das Wort Gottes hier und jetzt? So kann Jesu Wort augenblicklich bei mir genau so wirksam werden, wie es zur Zeit der Jünger war. Und gerade die Stelle von Jesu Gang auf dem Wasser hat mir und anderen, die mir ihr Vertrauen im fürbittenden Gebet geschenkt haben, oft in schwierigen Situationen geholfen.

Die Krisen, in denen ich mich an diese Verse klammerte, schienen meist ausweglos zu sein und voll Bedrängnis, sodass sich das Bild, dass einem das Wasser bis zum Hals steht, aufdrängte.

Wie oft war ich in Situationen, wo auch die Hilfe der Freunde nichts nützte. Fast mit Gewalt musste ich dann meine Seele überreden, vom Unglück weg zu schauen, zu Jesus hin. Jesus scheint mit Leichtigkeit über alle Schwierigkeiten hinweg zu schreiten. Kann man das ebenfalls, wenn man zu ihm hinschaut? Petrus ist in der Erzählung der einzige im Boot, der es versucht. Aber um zu Jesus hinzugelangen, muss er die letzte Sicherheit, die er anscheinend noch hat, verlassen, nämlich das hin und her geworfene Boot und die hilflosen Freunde. Er muss hinaus in die offensichtlich noch größere Gefahr, auf das offene, aufgewühlte Wasser. Und siehe da, mit dem Blick auf Jesus gelingt es auch. Aber dann richtet er den Blick von Jesus fort auf das gefährliche Wasser und prompt geht er unter.

Hier sind die Parallelen zum Leben eines jeden gegeben. Ich habe es oft erlebt, dass ich mich in einem unglücklichen Zustand häuslich eingerichtet hatte, weil es mir viel zu unsicher und gefährlich erschien, diese schon bekannte Not gegen eine mögliche Lösung, die aber unbekannt und daher unsicher war, einzutauschen, sprich: ich wollte nicht aus dem Boot heraus.

Später, als ich schon Gebetserfahrung hatte, lernte ich, den Blick auf Jesus zu richten und nicht weiter im eigenen Unglückssaft zu schmoren. So gelangen neue Schritte, und ich lernte Mut und Vertrauen. Ich meinte aber nach einiger Zeit, jetzt müsse alles ohne Probleme und Hindernisse gehen und ließ oft im geistlichen Leben nach, und dann befand ich mich unversehens mitten in einer unbezähmbaren Not oder in einer Niedergeschlagenheit, wobei sich alles gegen mich zu verschwören schien. Wenn ich mich dann auf meine Probleme konzentrierte, sah ich nichts anderes mehr, und sie drohten mich zu ersticken. Wie dankbar bin ich, dass mich in solchen Situationen Freunde darauf aufmerksam machten, wieder den Blick auf Jesus zu richten, und ich begann, wieder den Blick weg von meinen Problemen und hin zu Jesus zu richten. Das Gebet ist in dieser Situation der Hilfeschrei des Petrus, der gerettet wird, als er Jesus ruft.

Wie Petrus müssen wir uns auch den Tadel Jesu gefallen lassen, der uns zutraut, auch die schwierigsten Aufgaben zu bewältigen, selbst wenn unsere Lebenserfahrung und die guten Ratschläge der Freunde und Verwandten gegen ein Wagnis sprechen.

Wenn nämlich Jesus sagt: Komm!, dann ist seine helfende Hand ganz in der Nähe, um uns zu halten und notfalls aus dem Wasser zu ziehen.

Die Erzählung endet aber auch für diejenigen tröstlich, die es nicht gewagt haben, aus dem Boot zu steigen: Jesus verlangt von ihnen nicht dasselbe Wagnis wie von Petrus, sondern er steigt zu ihnen ins Boot. Jesus geht also mit unseren Lebenssituationen mit, egal ob wir Außergewöhnliches wagen wie Petrus, oder ob wir in unserer Lebenssituation verharren. Wenn Jesus da ist, dann legt sich der Sturm, dann sind wir bald an Land.

***

Gebet:
Jesus, ich zeige Dir meine Lebenssituation,
besonders das, wo ich mich bedrängt fühle
und keinen Ausweg weiß.
Ich richte meinen Blick auf Dich.
Du bist da und siehst meine Probleme.
Dich können meine Probleme nicht verschlingen,
aber mich drohen sie zu verderben.
Ich will glauben,
dass Du für alles eine Lösung hast,
ich will glauben, dass ich mit Dir
über die Probleme gehen kann.
Du verleugnest sie nicht,

für Dich sind sie auch nicht uninteressant,
aber Du hast Macht über sie.

Befiehlst du, dass ich zu Dir gehe?

Mit letzter Kraft schaue ich zu Dir.

Nur von Dir kann jetzt noch Rettung kommen.

Du streckst mir die Hand hin, du hältst mich fest,
mit Dir kann ich nicht untergehen.

Ich starre nicht mehr auf mein Unglück.

Ich vertraue, dass Du stärker bist.

Mit Dir gehe ich über die Wellen.

Wenn ich es nicht wage, den Schritt zu tun,
aus dem Unglück auszubrechen
und neue Wege in die Unsicherheit zu betreten,
dann hilf mir, Jesus.

Zeige Dich mir wie den Jüngern im Boot.

Komm in mein Unglück hinein,
komm in meine Bedrängnis,
komm in meine unlösbaren Aufgaben!

Ja, Du kommst,
und in Deiner Gegenwart löst sich die Spannung,
bekomme ich neue Perspektiven,
Probleme werden lösbar.

Danke, dass Du in jeder Not in meiner Nähe bist,
dass Du Dich rufen lässt, dass Dir keine Sorge zu
minder und keine Schwierigkeit zu groß ist.

Lebendiges Wasser

Kommt her, seht, da ist ein Mann, der mir alles gesagt hat, was ich getan habe: Ist er vielleicht der Messias? (Joh 4,5-42)

Die Geschichte von der Begegnung der samaritanischen Frau mit Jesus war für mich der Auslöser, mich mit der Hagiotherapie, einer Methode, Menschen geistlich zu helfen, zu befassen.

Einige Jahre, nachdem ich bei einem Seminar des kroatischen Universitätsprofessors und Priesters Tomislav Ivančić eine tiefe Erfahrung des Glaubens gemacht hatte (siehe das Kapitel Himmelreich), besuchte ich wieder ein Seminar bei Prof. Ivančić. Was ich seinerzeit erfahren hatte, nämlich die Freude, meinem Gott zu begegnen, wurde in diesem Seminar erneut angefacht.

Wie beim ersten Mal wurden Seminar-Erfahrene aufgefordert, für andere Teilnehmer persönlich zu beten. Diesmal gehörte ich zu den „Erfahrenen", also bot auch ich an, für jemanden zu beten. Als ich es tat, spürte ich eine überwältigende Sehnsucht, von nun an mit und für Menschen zu beten.

Am letzten Tag des Seminars vernahm ich beim gemeinsamen Gebet in meinem Inneren deutlich die Worte: „Das, was du erlebt hast, gehört jetzt nicht mehr dir allein. Geh hinaus."

Ich erschrak, denn ich wusste nicht, was das konkret heißen sollte. Sollte ich etwa, so wie ich es auf dem Seminar gesehen hatte, auch auf die Bühne gehen und von meinem Glauben erzählen? Nie und nimmer. Das, was ich seit einigen Jahren an Begegnung mit Gott erlebt hatte, war doch etwas sehr Intimes und Privates. Das konnte ich doch nicht mitteilen. Ich dachte also über den Auftrag nicht weiter nach, denn das Seminar war noch nicht zu Ende und es gab weitere interessante Vorträge.

Unter anderem erzählte Professor Ivančić, dass das, was Menschen auf Glaubensseminaren an Heilung erfuhren, in seinem Heimatland unter seiner Leitung auch methodisch erforscht wurde und Interessierte geschult wurden, damit sie Heilungssuchende unterweisen und ihnen helfen konnten. Ihm schwebte eine „Klinik" vor, in der die Krankheiten, die weder in den Bereich der somatischen Medizin noch in den der Psychiatrie fallen, geheilt werden konnten. Er sagte: „Wo gehst du hin, wenn du Blinddarmentzündung hast? – Ins Krankenhaus. Wo gehst du hin, wenn du psychische Probleme hast? – Zum Psychiater. Und wo gehst du hin, wenn du moralische Probleme hast? – Ins Gefängnis. Da ist doch etwas falsch!"

Und er fügte hinzu: „Man muss diejenigen heilen, die ihre Verbindung zu Gott verloren haben und deswegen falsch handeln und leben. Viele Menschen sind wegen des Verlusts dieser Verbindung auch körperlich oder psychisch krank. Da kann ihnen die Medizin nur oberflächlich oder gar nicht helfen, weil sie nicht an die Wurzel der Krankheit kommen kann. Wenn aber die Ursache einer körperlichen oder psychischen Krankheit im Geistlichen liegt, dann muss zuerst der Geist des Menschen geheilt werden. Oft wird der Mensch dann auch körperlich und psychisch gesund werden."

Gewaltiger als das Tosen vieler Wasser, gewaltiger als die Brandung des Meeres ist der Herr in der Höhe. (Ps 93,4)

Das leuchtete mir ein, denn ich hatte so eine Heilung an mir selbst erfahren. Und die Heilung hatte nun schon einige Jahre angehalten.

Es musste also an dem, was der Professor sagte, etwas dran sein. Ich wünschte ihm und den Kranken, dass die Klinik, von der er träumte, Wirklichkeit wurde.

Am Schluss des Seminars wurden wir, wie schon beim letzten Mal, mit der Ermahnung zu diszipliniertem geistlichem Leben entlassen. Nach dem ersten Seminar hatte ich mich getreulich an alle Anweisungen gehalten, bis auf eine: ich hatte mich keiner Gebetsgruppe angeschlossen. Ich bin sehr schüchtern, und eine Gebetsgruppe schien mir etwas von einem anderen Stern zu sein. Aber wenn es zum geistlichen Wachstum notwendig war, wollte ich es nun doch versuchen. Sehr intensiv und entschieden war meine Suche aber nicht. Immerhin erzählte ich einer Freundin davon.

Einige Zeit später rief sie mich an und erzählte mir, dass sich in Wien ein paar Leute zusammengetan hätten und so beteten, wie sie es beim Seminar gelernt hatten. In Zagreb gäbe es schon so eine „Klinik", von der Professor Ivančić gesprochen hatte, und in Wien wollte man auch eine errichten. Dafür betete die Gruppe.

Ich überwand meine Scheu und ging regelmäßig zu den Treffen. Mir gefiel es im Gebetskreis, ich lernte sogar laut vor anderen zu beten.

Die Vision des Professors entwickelte sich rasch, tatsächlich gab es in Zagreb bald ein Zentrum zur geistlichen Heilung und auch in Österreich wurden Interessierte ausgebildet.

Nach zwei Jahren und hatte ich alle erforderlichen Seminare zur „Hagiotherapie", wie die Methode mittlerweile genannt wurde, besucht und dann war die Praxis dran. Der Professor schlug vor, dass ich zu P. Florian, einem der Pioniere der „Hagiotherapie" in Österreich, „in die Lehre" gehen sollte. Ich sollte die Therapie an mir selbst erfahren und dann bei anderen anwenden.

Ich zögerte aber noch. Selbst eine Therapie machen? Mich einem Fremden offenbaren? Zwei Grundprobleme meines Lebens, nämlich Schüchternheit und eine starke Hemmung, etwas von meinem Inneren preis zu geben, waren noch immer bestimmend, wenn sie mich auch nicht mehr so sehr beeinträchtigten, weil schon viel Heilung geschehen war und sich viele Probleme gelöst hatten. Aber bei dieser Gelegenheit schlugen diese Schwächen zu. Alles in mir wehrte sich, mich dem Pater zu öffnen; ich war überzeugt, dass mein Innenleben niemandem zuzumuten war. Am allerwenigsten wollte ich es selbst so genau wissen, wie es in mir drinnen aussah. Ich versuchte also, an diese Herausforderung gar nicht mehr zu denken.

Eines Tages spürte ich in mir einen Impuls: „Fahr nach Salzburg und geh in die Franziskanerkirche zur Messe. Dort ist etwas für dich."

Schnell packte ich zusammen, was für eine kurze Reise nötig war, stieg in den Zug und kam rechtzeitig zur Abendmesse. Pater Johannes predigte über die Stelle im Johannesevangelium von der Samariterin beim Jakobsbrunnen. Was er damals wörtlich sagte, weiß ich heute nicht mehr, wohl aber weiß ich, was es war, das bei mir eine Erkenntnis auslöste, die mich zum Handeln veranlasste.

Die Heilige Schrift kann, wie schon beschrieben, auf vielerlei Weisen ausgelegt werden, die alle jeweils „stimmen" können. Oft drängt sich eine vordergründig realistische Auslegung auf. In der Geschichte von der Begegnung am Jakobsbrunnen bedeutet das: nach einem langen Weg durch eine heiße, staubige Gegend hat Jesus Durst und bittet um einen Trunk. Die Szene gibt zunächst keinen Hinweis darauf, dass sie etwa „nur" symbolisch gemeint wäre. Dennoch sind nach heutiger Auffassung auch andere Deutungsweisen, etwa nach der Symbolsprache der Bilder, zulässig, ohne dass eine andere Auslegung an Wert verlieren würde.

Pater Johannes deutete Jesu Wort „gib mir zu trinken" so: Jesus dürstet nach dem, was das Innere der Frau ausmacht. Die Frau reagiert abwehrend: wie kann dieser Fremde so ein Ansinnen stellen? Jesus rechtfertigt sein Begehr mit einem Gegen-Angebot: mit der Gabe Gottes. Das, was Gott durch Jesus gibt, macht lebendig, gesund.

Die Frau versteht, dass man dazu etwas aus der Tiefe heraufholen muss und bezieht sich auf den vorhandenen Brunnen – in der Bildsprache der Psychologie ist das ihre eigene Tiefe.

Bei ihr ist das Lebendige sehr tief vergraben. Mit normalen Mitteln ist es nicht ans Tageslicht zu bringen. Sie sagt daher: „Du hast kein Schöpfgefäß."

Jesus muss nun andeutungsweise erklären, wer er ist, und was seine Gabe im Vergleich zum „normalen" Leben ausmacht: bisher kennt die Frau nur die Güter, die von den Vorfahren überliefert worden sind und ist dankbar dafür. Kann es mehr geben? Durch die Erklärung Jesu, dass sein Geschenk sie auf ewig zufrieden machen würde, wird ihr der Mund „wässrig" gemacht. Wer würde nicht auf ewig gesund und gesättigt sein wollen?

Ganz sachte muss sie aber nun auf ihre innere Wahrheit gebracht werden. Jesus ist ein rücksichtsvoller Therapeut; er sagt ihr nicht brutal ihre Verfehlungen auf den Kopf zu, sondern lässt sie mittun. Das Stichwort ist: „Geh, ruf deinen Mann, und komm wieder her!"

Einmal auf die Spur ihres verkorksten Lebens gebracht, kann ihr auch die ganze Wahrheit zugemutet werden. Sie muss sich weder verteidigen noch blockt sie ab. Im Gegenteil, dieses Erlebnis bringt sie in Bewegung. Sie läuft davon, der ursprüngliche Grund ihres mittäglichen Ausflugs ist nicht mehr wichtig, und so lässt sie den Wasserkrug, mit dem sie irdisches Wasser transportieren wollte, stehen, um ihren Mitmenschen zu sagen, was sie erfahren hat. Sie nennt dabei ohne Scheu das Grundlegende: „Kommt her, seht, da ist ein Mann, der mir alles gesagt hat, was ich getan habe: Ist er vielleicht der Messias?"

Die Freude, zu wissen, wer man selbst ist, kommt aus der Begegnung mit dem Messias. Und das überzeugt auch die anderen oder macht sie zumindest neugierig auf eine Erfahrung, die sie dann ebenfalls umkrempelt.

So ungefähr verstand ich die Predigt des Paters. Sie traf mich voll und setzte mich genauso in Bewegung wie die samaritanische Frau.

Ja, Jesus sollte auch in mir schöpfen dürfen, damit ich zum lebendigen Wasser käme. Ganz egal, was er dabei zu Tage fördern würde. Freudig rief ich P. Florian an, um einen Termin für eine Lehrtherapie zu vereinbaren.

Vielleicht war das, was ich dann innerhalb von fünf Tagen erlebte, nicht ganz so schonend, wie es der Samariterin geschah, aber letztlich hatte es denselben Effekt. Ich ließ es zu, dass jemand von meinem Inneren erfuhr, im Vertrauen, dass letztlich Jesus der Therapeut war. Ich sah den Dingen ins Angesicht, die dabei offenbar wurden. Ich verleugnete nicht mehr die Ängste, die mich so lange gelähmt hatten, sondern überließ mich den Heilmitteln der Kirche, nämlich den Sakramenten.

Das Ganze geschah in der Karwoche, und in der Beichte am Karfreitag fühlte ich mich, als würde mir mit einer Reisbürste der Rücken geschrubbt. Dafür war ich aber auch innerlich sauber wie schon lange nicht, und die Auferstehungsfreude zu Ostern war so gewaltig, wie ich sie noch nie vorher (und auch seither nicht mehr) erlebt habe.

Preist den Herrn, ihr Meere und Flüsse; lobt und rühmt ihn in Ewigkeit!
(Dan 3,78)

Ich drückte mich während der Osternachtfeier eng ins Dunkel eines Kirchenpfeilers, denn ich wusste, dass meine Gefühle sich nur allzu deutlich in meinem Gesicht spiegeln würden und ich wollte in diesem Glück vorläufig alleine mit meinem Herrn sein.

In den kommenden Tagen wirkte sich die Freude auf meine ganze Familie aus, sodass sogar Außenstehende sich sehr über die plötzliche Harmonie und Heiterkeit wunderten.

Unnütz zu sagen, dass diese Erfahrung mich restlos davon überzeugte, die praktische Ausbildung zur „Hagiotherapie" weiterzumachen, und so fuhr ich nun für die nächsten Monate einmal in der Woche mit der Eisenbahn zu dem Ort, in dem sich P. Florians Kloster befindet, um unter seiner Anleitung Heilungssuchenden das zu vermitteln, was mir selber zuteil geworden war.

Eine kurze Anmerkung, wie es mit der „Hagiotherapie" bei mir weiterging: ich beendete stufenweise die anspruchsvolle Ausbildung und war insgesamt zehn Jahre lang in der Gemeinschaft „Gebet und Wort" tätig, die sich der „Hagiotherapie" widmet. Mittlerweile scheint es mir, dass die Methode, mit der gearbeitet wird, sich stark von der Weise unterscheidet, wie wir am Anfang arbeiteten. Ich kann mich persönlich nicht mehr mit der Linie, die heute vertreten wird, identifizieren, aber die Spiritualität, die ich dort erlebt habe, beeindruckt mich nach wie vor und ist immer noch die Grundlage für mein eigenes geistliches Leben, wie immer auch die Gemeinschaft sich entwickelt haben mag.

Heute bete ich über Joh 4, 5–42 immer dann, wenn ich mir über die Motive, aus denen ich handle, klar werden will oder wenn ich spüre, dass mich Blockaden daran hindern, das Gute zu tun, das ich erkenne.

***

Gebet

Jesus, ich wünsche mir eine Begegnung mit Dir.

Ich weiß, Du wünscht es Dir noch viel sehnlicher,

mich heil zu machen, als ich es ahne.

Ich vertraue Dir, dass Du mir

bei der Erforschung meines Inneren nicht weh tust.

Dir kann ich mich ohne Scheu offenbaren.

Ich lasse Dich in mein Inneres schauen:

in die Tiefe meiner begrabenen Verfehlungen,

meiner Ängste, meiner Hemmungen,

meiner Schwächen und Charakterfehler,

all das, wofür ich mich schäme.

Du darfst diese Dinge heben.

Schau mit Deinem liebenden Blick alles an,

was ich sogar vor mir selbst verberge.

Weil Du es bist, der liebevoll

in meinem Inneren schöpft,

dann kann auch ich meine verborgenen Schattenseiten

als das sehen, was sie sind.

Ohne Beschönigungen und ohne Ausreden.

Nur mit Dir gemeinsam kann ich sie mir anschauen.

Durch Dich wird nicht nur Verborgenes offenbar,

Du schenkst auch die Wandlung.

Du machst heil und neu beweglich.

Dann laufe ich voll Freude und erzähle,

was Du an mir getan hast.

Ich danke Dir.

Gottes Humor

Jesus erwiderte ihr: Was willst du von mir, Frau? Meine Stunde ist noch nicht gekommen. (Joh 2,4)

Wenn Sie bis hierher gelesen haben, dann mag Ihnen aufgefallen sein, dass viele, wenn nicht die meisten Gebete aus schwierigen oder ausweglos erscheinenden Situationen entstanden sind. Aber heißt es nicht: Not lehrt beten? Das Übergewicht an belastenden Ereignissen liegt möglicherweise auch daran, dass sich Dramatisches oder Tragisches leichter schildern lässt als Zufriedenheit und Glück. Die Welt der Literatur und des Films sähe sonst ganz anders aus, und es gäbe wohl auch keine Tageszeitungen.

Daher möchte ich an dieser Stelle bekräftigen, dass es lange Zeiten des Glücks und der Erfülltheit von Gottes Gegenwart für mich gegeben hat. Da war es einfach zu loben und zu danken. In jedem Leben wird es diese ruhigen und guten Zeiten geben, in denen es leicht ist zu loben und zu danken. Wir sollten es auch tun! Dann haben wir gewissermaßen Übung darin, das Loben und Danken auch in schlechten Zeiten zu tun. Denn schließlich ist der Mensch zum Lobe Gottes geschaffen. Mehr schreibe ich darüber im Kapitel „Mensch und Tier". In den Psalmen finden wir die Lehrmeister für das Lob Gottes.

Und noch etwas: Gott hat auch Humor! Eine kleine Geschichte hierzu:

Meine „Lehrlingszeit" als Hagio-Assistentin absolvierte ich, wie schon beschrieben, bei P. Florian in Kremsmünster. Es kam der Tag, als ich zum ersten Mal eigene Patienten haben sollte um selbständig zu arbeiten. Ich wartete ein dem schön eingerichteten Raum und bereitete mich vor. Ich betete, wie wir es gelernt hatten, damit wir durchlässig würden für den Heiligen Geist und uns nicht auf unsere eigenen Kräfte und Fähigkeiten verließen.

Die Zeit verging, und meine Patientin hätte eigentlich schon da sein müssen. War etwas passiert? Wollte sie doch nicht kommen? Ich wurde nervös, konnte mich nicht mehr auf das Gebet konzentrieren, denn das „Lampenfieber" nahm überhand.

Vor mir auf dem Tisch lagen zwei Exemplare der Heiligen Schrift: die Einheitsübersetzung und eine Ausgabe „in heutigem Deutsch" (oder so ähnlich, ganz kann ich mich nicht mehr an den Titel erinnern). Neugierig griff ich nach der mir unbekannten Ausgabe und schlug wahllos auf. Ich las: „Frau, was ich tue, ist meine Sache und nicht deine. Und jetzt ist noch nicht die Zeit."

Das passte ja wunderbar auf meine Situation! Ich musste lachen, und das entspannte mich. Natürlich! Ich hatte mich ja bemüht, nicht meine Sache, sondern die von Jesus zu machen, aber in Wahrheit verkrampft an meinen eigenen Fähigkeiten festgehalten! Und jetzt sagte Er es mir ganz deutlich, dass ich mich auf Ihn verlassen sollte, und obendrein, dass zur rechten Zeit alles geschehen würde, was geschehen soll.

Meine Ungeduld und Nervosität schwanden, und es klopfte an der Tür. Meine Patientin kam, entschuldigte sich für die Verspätung, und ich konnte sie ganz entspannt begrüßen und mit der Stunde beginnen.

Ich fuhr noch viele Wochen jeweils am Sonntagabend mit der Bahn nach Kremsmünster. Am Montag war damals mein freier Tag an der Schule, also konnte ich mich der Hagiotherapie widmen. Am Abend fuhr ich wieder zurück nach Wien. Ich hatte jeweils Quartier im Bildungshaus Subiaco. Mein Zimmer war unmittelbar neben der Kapelle. Wenn die Schwestern zu Bett gegangen waren und alle Lichter aus waren, war für mich, die ich von Natur aus ein Nachtmensch bin, der Tag noch nicht vorbei. So schlich ich mich im Finstern in die Kapelle und genoss es, lange ungestört dort sein zu können.

Zur Hagiotherapie kamen genug Leute, dass ich keine Zeit zum Däumchendrehen hatte. Meine Unerfahrenheit überbrückte der Herr damit, dass Er mir nicht nur in dieser ersten Stunde mit Seinem Wort half, sondern durch Sein Wort auch Hinweise gab, wie den Menschen zu helfen sei. Manchmal kamen Worte, die mir sehr unpassend erschienen, sodass ich dachte: na, diesmal trifft es wohl nicht auf meinen Patienten zu. Erstaunlicherweise zeigte sich dann im Gespräch, dass das Schriftwort genau das getroffen hatte, was der Patient mir dann schilderte, und es bot sich auch eine Lösung an. Es kam zu wunderbaren Situationen. Leider kann ich keine Beispiele anführen, um die Identität der Menschen zu schützen, die bei uns Hilfe suchten. Ich möchte hier einfach meine Freude und meinen Dank festhalten, dass wir so wunderbar geführt wurden.

Brotvermehrung

Eine frohe Botschaft, wenn du dich einer Aufgabe nicht gewachsen fühlst.

Eine frohe Botschaft, wenn du meinst, Evangelisation ist nur für bestimmte, ganz besonders berufene Menschen, aber nicht für dich. (Und nebenbei eine Stelle, die erklärt, warum ich mich erdreiste, überhaupt über Jesus und meine Erfahrungen mit Ihm zu schreiben.)

Als Jesus all das hörte, fuhr er mit dem Boot in eine einsame Gegend, um allein zu sein. Aber die Leute in den Städten hörten davon und gingen ihm zu Fuß nach. Als er ausstieg und die vielen Menschen sah, hatte er Mitleid mit ihnen und heilte die Kranken, die bei ihnen waren.

Als es Abend wurde, kamen die Jünger zu ihm und sagten: Der Ort ist abgelegen, und es ist schon spät geworden. Schick doch die Menschen weg, damit sie in die Dörfer gehen und sich etwas zu essen kaufen können.

Jesus antwortete: Sie brauchen nicht wegzugehen. Gebt ihr ihnen zu essen!

Sie sagten zu ihm: Wir haben nur fünf Brote und zwei Fische bei uns.

Darauf antwortete er: Bringt sie her!

Dann ordnete er an, die Leute sollten sich ins Gras setzen. Und er nahm die fünf Brote und die zwei Fische, blickte zum Himmel auf, sprach den Lobpreis, brach die Brote und gab sie den Jüngern; die Jünger aber gaben sie den Leuten, und alle aßen und wurden satt. Als die Jünger die übriggebliebenen Brotstücke einsammelten, wurden zwölf Körbe voll.

Es waren etwa fünftausend Männer, die an dem Mahl teilnahmen, dazu noch Frauen und Kinder. (Mt 14,13-21)

Als Professor Ivančić seine Methode der „Hagiotherapie" entwickelte, kristallisierte sich bald heraus, dass man diejenigen, die diese Methode erlernen und ausüben wollten, am besten in einer Gemeinschaft erfasste. Diese Gemeinschaft stand bald vor weiteren Aufgaben. Ein Zweig konzentrierte sich auf die Neu-Evangelisation der Menschen hierzulande. Schließlich war Europa, das früher Missionare in alle Welt geschickt hatte, nun längst zu einem Land geworden, in dem das Christentum immer weniger praktiziert wird, und viele Menschen wissen gar nichts mehr darüber, erst recht nicht in ehemals kommunistisch regierten Ländern, in denen der Atheismus „Staatsreligion" war, wie im Herkunftsland von Professor Ivančić. Um also die Frohe Botschaft wieder unter die Leute zu bringen, bildete die Gemeinschaft nicht nur Hagio-Assistenten (Menschen, die „Hagiotherapie" anbieten) aus, sondern hält auch Glaubensseminare ab und bildet Interessierte aus, ebensolche Seminare zu halten.

Viele, so auch ich, waren durch solche Seminare zum Glauben beziehungsweise zu einer Vertiefung des Glaubens gekommen und dann zur Gemeinschaft gestoßen und zunächst davon fasziniert, etwas zu lernen, was andere Menschen zum Glauben führt, damit sie dieselben beglückenden Erfahrungen machen konnten wie wir selbst. Wir besuchten also fleißig Schulungen, damit wir selbst Seminare halten oder Gebetsgruppen leiten konnten, und mussten bald die Erfahrung machen, wie viel uns noch fehlte. Es fehlte vor allem am Mut, sich hinzustellen und freimütig das Wort Gottes zu verkünden. Wir waren in einer Phase, in der wir noch und noch Seminare und Schulungen besuchten und darauf warteten, dass das Evangelisieren eines Tages von selbst gehen würde, nämlich dann, wenn wir uns sicher waren, dass wir reif dafür waren und das auch innerlich spürten. Dieser Tag wollte aber nicht kommen, wir blieben, was wir waren: mittelmäßige Christen, die sich viel zu lau und zu schwach vorkamen, um andere zur Umkehr bewegen zu können.

Bei einem der Gottesdienste während so eines Ausbildungsseminars hörten wir das oben angeführte Evangelium. Der Gründer der Gemeinschaft hielt die Predigt. Er wusste um unsere augenblickliche Situation und wandte den Evangeliumstext daraufhin an. Er sprach von unserer Furcht, vom Wort Gottes zu sprechen, weil wir meinten, zu wenig zu wissen oder selbst nicht genug nach dem Evangelium zu leben. Wie sollten wir anderen von der frohen Botschaft reden, wenn wir uns doch so armselig vorkamen? Nun lenkte er den Blick auf die Jünger: sie wurden ebenfalls aufgefordert, den Leuten die frohe Botschaft zu verkünden, zu einem Zeitpunkt, an dem sie Jesus noch gar nicht lange kannten. Wir wissen, dass sie anfangs ziemlich enthusiastisch waren und auch erfolgreich, denn sie berichteten Jesus überglücklich davon (s. Lk 10,17).

Aber es wird auch Skepsis unter ihnen gegeben haben, und sie fragten sich, ob sie wohl genug Fähigkeiten hatten, um das zu tun, was Jesus von ihnen verlangte. Da zeigt Er ihnen durch ein Zeichen, worauf es ankommt. Sie sehen sich Tausenden hungrigen Menschen gegenüber, und den Jüngern fällt nur das Menschenmögliche ein, nämlich die erwartungsvolle Menge wegzuschicken, damit sie sich Nahrung besorgten. Jesus verlangt von ihnen aber das Unmögliche, nämlich dass die Jünger, die selbst kaum etwas haben, diese vielen Menschen verköstigen. Es ist nur natürlich, dass sie Einwände haben. Sie tun aber, was Er sagt und bringen das Wenige, das sie haben. Und das, was Jesus gegeben wird, reicht plötzlich für alle, die hungrig sind.

Die Menschen sind hungrig nach Jesus, das ist das erste, was wir als Christen wissen müssen, denn wir alle Getauften haben den Auftrag, die frohe Botschaft zu verbreiten. Das zweite, was wir wissen müssen ist, dass es nicht darauf ankommt, ob wir das Gefühl oder die Sicherheit haben, mitreißende Verkünder zu sein. Wichtig ist aber, das Wenige, das wir haben, zur Verfügung zu stellen, und Jesus macht dann das daraus, was wichtig ist, damit Er zu den Menschen kommen kann. Das gilt für jeden einzelnen Getauften, ob er eine Evangelisations-Schulung gemacht hat oder nicht. Jeder hat seine eigene Berufung als Christ. Die einen leben beispielhaft, sodass die Menschen aufmerksam oder neugierig werden, andere sprechen ihr Zeugnis aus, wieder andere beten im Stillen für andere, und Gott weiß davon und wirkt auf Seine Weise.

Soweit die Predigt des Priesters.

Für uns Evangelisationsschüler hieß es also damals, Mut zu haben und sich darauf zu verlassen, dass Jesus aus unserem mickrigen Beitrag etwas Großes machen würde. In unserer Gemeinschaft haben sich das Viele zu Herzen genommen und auf ihre Weise in ihrem Umfeld zu wirken begonnen. Ich selbst durfte erfahren, dass Dinge möglich wurden, die ich vorher für unmöglich hielt.

Obwohl ich seit meiner Kindheit in meinem Inneren den Drang verspürte, anderen von Jesus zu erzählen, hatte ich geradezu panische Angst davor, ausgelacht oder zumindest für seltsam gehalten zu werden.

Und dann geschah es, dass Prof. Ivančić mich bei einem seiner Seminare aufforderte, zu einem Thema ein paar Worte zu sagen. Das wurde mir kurz vorher mitgeteilt, und ich hatte kaum Zeit, mir etwas zu überlegen, da ich ja auch im Musikteam war und spielen musste. Ich vertraute aber darauf, dass ich doch in meinen Aufzeichnungen sofort etwas finden würde. Das gestellte Thema war „Umkehr". Leicht, oder? Schnell durchforstete ich mein Skriptum - da stand dazu nur: Wir sind alle Sünder, Umkehr ist notwendig.

Mit diesem einen Satz sollte ich einen Kurzvortrag halten? Ich hatte aber keine Zeit nachzudenken, denn schon lächelte mir Prof. Ivančić aufmunternd zu, ich legte meine Gitarre weg und legte los. Plötzlich fiel mir zu diesem Thema Einiges ein, ich redete drauflos und rettete mich schließlich in eine Anekdote. Der Professor und die Seminarteilnehmer lachten, und ich sagte etwas verlegen: „Das war's, was ich sagen wollte."

Das freundliche Schmunzeln des Professors deutete ich als Entlassung an und floh in die vertraute Umgebung des Musikteams.

Ich stellte verblüfft fest, dass es mir gar nichts ausgemacht hatte, vor Hunderten von Menschen zu sprechen und ich hatte es sogar genossen und nicht im mindesten daran gedacht, ich könnte für verrückt gehalten werden.

Nach diesem Seminar beteiligte ich mich aktiv noch an weiteren und hielt eigene kleine Seminare, leitete Gebets- und Ausbildungsgruppen. Wo waren bloß meine Schüchternheit und Zurückhaltung geblieben?

Es ist klar, dass Seminare-Halten und Gebetsgruppen-Leiten nicht Jedermanns Sache sind. Dazu braucht es eine Berufung und eine Ausbildung. Aber jeder Christ – ich betone es noch einmal JEDER Christ und JEDE Christin – ist je nach Veranlagung und Begabung gerufen, auf eine eigene Weise Zeugnis zu geben. Das kann eine „Kleinigkeit" im Gespräch mit Freunden oder Fremden sein, wie etwa eine Bemerkung, dass man sonntags zur heiligen Messe geht, eine Kreuzzeichen vor dem Essen, oder ein ernst gemeintes „Gottseidank". Daraus können sich fruchtbare Glaubensgespräche ergeben. Wir werden immer merken, dass wir das nicht aus uns können, sondern den Heiligen Geist dazu nötig haben.

***

Gebet

Jesus, ich spüre, dass Du willst,
dass ich meinen Beitrag zur Verbreitung
der Frohen Botschaft leisten soll.
Ich will mich nicht weigern, den Auftrag zu erfüllen,
sondern ich betrachte die Schrift und sehe,
wie Du an uns handelst.
Die Menschen hungern nach Gott,
nach dem lebendigen Gott.
Wer erzählt ihnen, wie Gott ist?
Ich höre, wie Du zu mir sagst:
gib den Menschen zu essen.
Wer, ich? Wie soll ich das machen?
Ich bin viel zu schwach, zu schüchtern,
habe keine Ausbildung,
die Menschen werden mir nicht glauben,
sie werden mich auslachen, skeptisch sein,
verspotten, und überhaupt:
was soll meine Fähigkeit bewirken in einer Zeit,
die sich immer mehr von Gott wegbewegt?

Jesus sagt zu mir: Gib Mir, was du hast,
die Erfahrung der Versöhnung,
die Erfahrung, dass es einen Gott gibt, der zuhört
und der auf Gebete antwortet.

Gib Mir die Zeiten, als du das Glück empfunden hast,

zum Glauben gekommen zu sein

und Mich zu kennen.

Gib Mir deine Erfahrung,

 dass die Kirche Mein Leib ist

und dass du ein Glied dieses Leibes bist,

gib Mir deine Hoffnung auf das Leben nach dem Tod,

ein Leben voll Jubel und Anbetung;

gib Mir deine Liebe,

oder auch nur deine schwachen Gehversuche

in der Liebe.

Gib Mir vor allem deine Fehlversuche,

deine zaghaften Ansätze,

deine Überlegungen, wie denn das alles gehen soll,

dein Verlangen,

Mir zu dienen

und Mich zu den Menschen zu bringen,

damit sie deine Erfahrungen mit dir teilen können;

gib Mir deine Sehnsucht,

in Meinem Namen die Menschen zu heilen

und von bösen Geistern zu befreien.

Schau hin,

wie Jesus aus deinen kleinen Gaben

etwas Großes macht.

Nicht du bist es,

der die Menschen überzeugt,

nicht du bist es,

der heilt und befreit,

nicht du bist es,

der Menschen die Frohe Botschaft bringt,

sondern Jesus selbst ist es,

der deine Gaben verwendet,

der den Heiligen Geist aus dir sprechen lässt.

Es ist Seine Sache,

was in den Menschen bewirkt wird.

Jesus,

ich danke Dir,

dass Du meine Fähigkeiten und das,

was ich gelernt habe, verwendest,

dass Du das brauchst,

was ich Dir geben kann.

Sünde

Am frühen Morgen begab Jesus sich wieder in den Tempel. Alles Volk kam zu ihm. Er setzte sich und lehrte es.

Da brachten die Schriftgelehrten und die Pharisäer eine Frau, die beim Ehebruch ertappt worden war. Sie stellten sie in die Mitte und sagten zu ihm: Meister, diese Frau wurde beim Ehebruch auf frischer Tat ertappt. Mose hat uns im Gesetz vorgeschrieben, solche Frauen zu steinigen. Nun, was sagst du?
Mit dieser Frage wollten sie ihn auf die Probe stellen, um einen Grund zu haben, ihn zu verklagen. Jesus aber bückte sich und schrieb mit dem Finger auf die Erde.
Als sie hartnäckig weiterfragten, richtete er sich auf und sagte zu ihnen: Wer von euch ohne Sünde ist, werfe als erster einen Stein auf sie.

Und er bückte sich wieder und schrieb auf die Erde.
Als sie seine Antwort gehört hatten, ging einer nach dem anderen fort, zuerst die Ältesten. Jesus blieb allein zurück mit der Frau, die noch in der Mitte stand.
Er richtete sich auf und sagte zu ihr: Frau, wo sind sie geblieben? Hat dich keiner verurteilt?
Sie antwortete: Keiner, Herr. Da sagte Jesus zu ihr: Auch ich verurteile dich nicht. Geh und sündige von jetzt an nicht mehr! (Joh 8,2 - 8,11)

Nein, ich bin keine Ehebrecherin. Und mir droht wegen meiner Vergehen auch nicht die Steinigung. Ich bin auch kein Verbrecher, so wie derjenige, der mit Jesus gekreuzigt worden ist (Lk 23, 39-43). Ich bilde mir auch ein, nicht so sündhaft zu sein wie der Mann, den seine Sünden buchstäblich lähmten, sodass er von anderen zu Jesus getragen werden musste (Mk 2,1-12). Gott hat uns in Seiner Barmherzigkeit so geschaffen, dass wir uns die meiste Zeit unserer Sündhaftigkeit gar nicht bewusst sind.

Aber bei der regelmäßigen Gewissenserforschung kann es mir schlagartig bewusst werden, was für ein gewaltiger Abgrund sich zwischen mir und meinem Herrn auftut, sodass ich verzweifeln könnte: niemals werde ich vor Gott gerechtfertigt sein!

Und wie abhängig sind wir kleinen Menschlein doch vom Urteil der anderen! Schon bei einem kleinen Vergehen, das öffentlich geworden ist und mein Ansehen schmälert, möchte ich in die Erde versinken, wünsche nichts sehnlicher, als es ungeschehen zu machen oder dass wenigstens das Gedächtnis der Leute schlecht ist. Die Gefahr ist groß, dass ich mein ganzes Sinnen und Trachten darauf richte, mich und meine Schande unsichtbar zu machen, Ausreden und Erklärungen zu finden oder krampfhaft versuche, den Schaden wieder gutzumachen und mein Ansehen mit erneuter Anstrengung aufzupolieren. Was für eine Kraftaufwendung ist dafür nötig! Dann zerbreche ich mir den Kopf, wie ich meiner Familie und meinen Bekannten gegenüber treten soll.

Da ist es gut zu schauen, wie Jesus mit Sündern umgeht. Die Leute zeigen mit Fingern auf die Schande, wollen eine Bestätigung ihres Urteils, schließlich liegt offen zu Tage, was Schlechtes geschehen ist.

Wären eure Sünden auch rot wie Scharlach, sie sollen weiß werden wie Schnee. (Jes 1,18)

Jesus stimmt in den Chor der Verurteiler nicht ein. Sein Motto ist – auf gut Wienerisch – „nicht einmal ignorieren". Als er endlich, nach vielem Drängen, antwortet, ist es weder eine Bestätigung der Anklage, noch eine neue Auslegung der Rechtslage, noch eine Predigt an die Adresse der Sünderin, sondern ein einziger Satz, der allen ihre eigene Lage zu Bewusstsein bringt. Alle sind Sünder, auch diejenigen, die mir ins Gesicht sagen, was ich angerichtet habe und nun nicht mehr mit mir sprechen! Trotzdem, mein Vergehen bleibt, ich muss mich selbst anklagen, meine Schuld wird nicht kleiner, auch wenn alle anderen ebenfalls schuldig sind. Meine Schuld steht riesengroß da, auch wenn die Ankläger gerade nicht da sind. Nein, es sind gar nicht die Menschen, die einen verurteilen. Jesus fragt: „Hat dich keiner verurteilt? Auch ich verurteile dich nicht." Was sagt Jesus da, Er, derjenige, der ohne Sünde ist und das Recht hätte, mich zu verurteilen? Der allmächtige Gott hat doch Adam und Eva, als sie sündigten, verurteilt und aus dem Paradies vertrieben, und jetzt sagt Sein Sohn zu mir, Er verurteilt mich nicht?

Ich höre noch einmal hin. Jesus bleibt allein mit mir zurück, wenn die anderen mich verurteilt haben. Ja, es stimmt, Jesus verurteilt mich nicht. Er sagt zwar nicht, dass das, was ich getan habe, nicht so schlimm ist und dass ich mir nichts draus machen soll, aber er macht auch keine Anschuldigung, keine Vorwürfe, er sagt nicht: du hättest vorher nachdenken sollen. Er macht keine Auflagen für eine Vergebung; es gibt nur eine kurze Ermahnung: Tu's nicht mehr. Das ist alles.

***

Meditation

Jesus, ich habe etwas getan, wofür ich mich in Grund und Boden schäme. Ich kann den Menschen nicht mehr ins Gesicht sehen. Sie tuscheln hinter mir her, ich spüre, dass ich in ihren Augen an Prestige verloren habe. Ich kann meine Tat nicht mehr ungeschehen machen.

Mein ganzer Körper kribbelt vor Anstrengung, wie ich mich vor dem Gerede der Leute schützen kann, ich zermartere mein Gehirn, wie ich wieder zu Ansehen kommen kann und diese Schuld loswerde. Ich kann die Vorwürfe nicht mehr hören, die mir andere und die ich mir selber mache.

Ich richte mein Inneres zu Dir. Ich stelle mich zu der Frau, die vor Dich gezerrt wurde, damit Du das Urteil sprichst. Ich mache mir bewusst, dass es wichtiger ist, mit meiner Schuld vor Dir zu stehen, als mir über das Gerede der Menschen den Kopf zu zerbrechen. Wie Du über mich denkst, ist ausschlaggebend.

Du bist es, der das Wort an mich richtet. Ich lasse Dich zu mir sprechen. Ich höre die Worte der Schrift an mich gerichtet: Ich verurteile dich nicht.

Das gilt mir. Das bedeutet, dass meine Schuld vergeben ist, dass Du sie nicht gegen mich verwendest. Ich kann den Blick heben und aufrecht da stehen. Ich darf weggehen, in dieser aufrechten Haltung.

Ich darf diese Haltung beibehalten, wenn ich meinen Mitmenschen begegne.

Ich weiß jetzt, wie die Menschen sind. Wir sind alle der Vergebung durch Gott bedürftig. Ich habe keinen Grund, mich den anderen überlegen zu fühlen, aber auch meine Mitmenschen haben keinen Grund, sich besser zu fühlen. Jesus, ich denke an Dein Wort, wenn ich annehme oder spüre, dass mich die anderen verurteilen.

Danke, Jesus, dass ich bei dir aufrecht in der Mitte stehen darf und Dein Wort der Annahme hören darf.

Schuldgefühle

Denn wenn das Herz uns auch verurteilt – Gott ist größer als unser Herz, und er weiß alles. (1 Joh 3,20)

Naiverweise war ich lange Zeit der Meinung, alle in meinem Bekanntenkreis mögen mich oder sind mir wenigstens freundlich gesinnt. Dass mir jemand bewusst schaden wollte, konnte ich mir nicht vorstellen, doch dann geschah es: Man beschuldigte mich, in einer wichtigen Sache gelogen zu haben. Zunächst dachte ich an einen Irrtum oder ein Missverständnis, außerdem erschien mir die vorgebrachte Sache ziemlich nebensächlich. Für mich war es auch klar, dass mir eine Lüge in dieser Sache keinerlei Vorteil gebracht hätte. Warum also hätte ich lügen sollen? Keiner, den ich befragte, konnte sich an das Gespräch erinnern, in welchem die Falschaussage gefallen sein sollte, und meine Unschuld beweisen. Und was noch schlimmer wog: meine Beteiligung an einer Arbeit, an der mir sehr viel lag, war plötzlich in Frage gestellt. Ich war nämlich nicht mehr vertrauenswürdig.

Die beiden Frauen, die die Beschuldigungen erhoben hatten und die vorher meine Freundinnen gewesen waren, beschworen mich, doch einfach zuzugeben, dass ich gelogen hätte, und die Sache wäre dann erledigt. Ich war verwirrt, denn ich war mir keiner Schuld bewusst, aber ich traute den Frauen, die meine Freundinnen gewesen waren, nicht zu, dass sie etwas erfunden hatten, um mir zu schaden. Eine der beiden (Ex)Freundinnen redete auch noch auf mich ein, dass ich sicherlich psychisch völlig gestört sei, sodass ich zwanghaft lügen müsse. Das käme aus meinem Unterbewusstsein, sagte sie mit der Autorität ihres Berufes, denn sie war Psychotherapeutin.

Diese Aussage dieser „Freundin" traf auf eine verborgene Schwachstelle. Ich begann nachzugrübeln, was denn an mir so falsch sei und fand eine Menge Sünden, deren ich mir bis dahin nicht bewusst gewesen war. Ich fand nun, dass die Freundin Recht hatte, denn ich war ein sehr schlechter Mensch. Die Erinnerungen an verschiedene Gelegenheiten, in denen ich nicht strikt bei der Wahrheit geblieben war, türmten sich vor mir auf. Wie oft hatte ich, um etwas besonders interessant erscheinen zu lassen, Ereignisse gestrafft bis verzerrt dargestellt. Wie oft hatte ich übertrieben! Nicht richtig gelogen, aber Fakten zurechtgebogen. Ich merkte, dass das ganz automatisch passierte, wenn es um den Erzählfluss ging. Zwar hätte ich nie jemanden absichtlich angelogen, nicht einmal, wenn ich in die Enge getrieben wurde, aber das Geschichtenerzählen war nun einmal eine Leidenschaft, und um einer guten Pointe willen opferte ich so manches Detail, sodass hin und wieder der Sachverhalt nicht mehr ganz stimmte.

Als ich das erkannte, war ich entsetzt. Es war sonnenklar, dass die Freundinnen Recht hatten, und ich, behaftet mit diesem Charaktermangel, für wichtige Aufgaben ungeeignet war. Ich schämte mich. Wohin sollte ich mich verkriechen?

Ich ging zur Beichte, aber die Unruhe und die Scham über das eigene Versagen blieben auch nachher bestehen und setzten mir weiter zu.

Muss ich auch wandern in finsterer Schlucht, ich fürchte kein Unheil; denn du bist bei mir, dein Stock und dein Stab geben mir Zuversicht. (Ps 23,4)

War mir wirklich vergeben? Meinem Gefühl nach war ich immer noch beschmutzt von diesem Makel der Unehrlichkeit.

Im Gebet bat ich flehentlich um Vergebung. Schließlich kam mir Hilfe. Ich sagte mir ständig folgende Zeile aus dem Glaubensbekenntnis vor: „Ich glaube an die Vergebung der Sünden." Nach einiger Zeit begann dieser Satz zu greifen. Ich begann wirklich daran zu glauben, dass mir vergeben war. Weiters half mir ein Bibelvers, der mir in der Beichte zugesprochen wurde: „Denn wenn das Herz uns auch verurteilt – Gott ist größer als unser Herz, und er weiß alles." (1.Joh 3,20)
Mein armes Herz, was wusste es schon! Es war verwundet, unter Druck gesetzt, wusste nicht, wie es wieder Oberwasser bekommen konnte. Langsam begriff ich nun, dass Gott wusste, woher meine Sünden kamen und dass Er die Mittel hatte, mich zu befreien. Und Er wusste auch die rechte Zeit dazu.

Ich wurde wieder ruhig, fürchtete mich nicht mehr vor der Verurteilung durch meine Zeitgenossen, denn nun war mir klar, dass es nur darauf ankam, was Gott von mir wusste und dachte. Es stellte sich überdies heraus, dass nicht meine Verfehlung den Streit verursacht hatte, sondern der Neid der anderen. Als erkennbar war, dass ich keine Schuld hatte und dass meine emotionale Krise vorüber war, wurde ich auch mit der ersehnten Aufgabe betraut.

Und ich begann auf meinen Schutzengel zu hören: er warnte mich, wenn ich drauf und dran war, mich im Geschichtenerzählen zu verheddern und nicht genügend nachdachte, wie denn eine Sache nun genau abgelaufen war. Wenn eine Übertreibung schon einmal herausgerutscht war, korrigierte ich mich sofort. Ich merkte bald, dass eine interessante Geschichte keinerlei Aufputschmittel braucht. Und wenn in diesem Buch Geschichten erzählt werden, so ist daran nichts erfunden und nichts verbogen. Ich lasse aber manchmal Details weg oder halte sie bewusst vage, damit beteiligte Personen geschützt bleiben. So sollen auch die, die in dieser Geschichte vorkommen, unerkannt bleiben.

Ich bin ihnen auch nicht böse. Ich glaube immer noch, dass sie grundsätzlich davon überzeugt waren, dass meine angebliche Verfehlung für die Aufgabe, für die ich mich beworben hatte und die Mitmenschen, die mir anvertraut waren, schädlich gewesen wäre, und dass sie mit ihrem Tun beabsichtigten, Schlimmes zu verhindern. Heute kann ich sagen, dass ihnen von Herzen vergeben ist. Denn letztlich ist etwas Gutes entstanden. So sind Gottes Wege!

***

Gebet in Not und Schuldgefühlen:

Mein Gott, ich bringe Dir meine Unruhe

und meine Schuldgefühle.

Du weißt, was daran echte Schuld ist

und was durch Verletzung entstanden ist.

Du liest in meinem Herzen.

Du kennst mich.

Wie schön sagt der Evangelist von Dir:

„Denn wenn das Herz uns auch verurteilt –

Gott ist größer als unser Herz,

und er weiß alles."

Ich glaube an die Vergebung der Sünden.

Danke, Du bist groß und gütig.

Kreuzweg

Er trug sein Kreuz und ging hinaus. (Joh 19,16)

In meinem Beruf als Lehrerin kam ich wiederholt in Situationen, wo ich nicht aus noch ein wusste. Eine Klasse von etwa 14-Jährigen war besonders schwierig zu unterrichten. Alle Schüler schienen sich gegen mich verschworen zu haben und nur auf eine Gelegenheit zu warten, mir einen bösen Streich zu spielen. Ich wurde immer verzagter, in meinem Gefühlsleben tauchten alle negativen Gefühle von Scham, Wut, Hass, bis zu Rachegelüsten auf. Mein Humor, der mir in so vielen peinlichen Situationen geholfen hatte, verließ mich gänzlich, ich konnte nur noch das Schlimme sehen und mit Drohungen und Schimpfen reagieren.

Ich versuchte an alles zu denken, was mir im Gebetsleben bisher geholfen hatte. Mir schien, als ziele alles im Gebet darauf ab, Freude am Glauben zu haben und leicht durchs Leben zu gehen. Aber das war mir in der Lage, in der ich mich schon länger befand, unmöglich. Woran sollte ich mich freuen, wenn jeder Tag zur Last wurde, und ich am Morgen schon ahnte, was die kommenden Stunden an Schlimmem bringen würden?

In dieser Zeit dachte ich an Jesus auf dem Kreuzweg. Wenn ich Ihm nachfolgen wollte, dann musste ich auch mein Kreuz auf mich nehmen. Jesus hat seinen Jüngern nicht versprochen, dass das Leben ein Honiglecken sein würde und uns alles leicht von der Hand gehen würde. Da darf ich Sein Versprechen, dass Seine Last leicht sein wird und Sein Joch nicht drückt, nicht dahingehend verstehen, dass uns überhaupt kein Leid mehr heimsuchen würde. In der Zeit, als ich Jesus noch nicht kannte, beziehungsweise, wenn ich in schlimmen Zeiten mich nicht an Ihn wandte, war die Aussichtslosigkeit so drückend, dass ich mir oft wünschte, ich könnte ganz einfach vom Erdboden verschwinden und nicht mehr sein.

Aber ich habe gelernt, dass Jesus immer mit uns mitgeht, egal, wie wir uns entscheiden, ob ein Unbill selbstverschuldet ist, oder durch die Umstände aufgebürdet.

Und so betete ich den Kreuzweg in meinem kummervollen Anliegen und ging alle Stationen durch. In keiner Weise lässt sich unser Leid mit der Passion Jesu vergleichen, aber die eigene Aussichtslosigkeit mit dem letzten Gang Jesu als verwundbaren Menschen zu verbinden, kann helfen, das eigene Leid anders zu sehen, zu akzeptieren und neue Perspektiven zu finden. Ich meditierte ihn (in Anlehnung an ein Buch von Prof. Ivančić) ungefähr so:

1. Station: Jesus wird zum Tod verurteilt:

Jesus ist in einer Situation, in der es keinen Ausweg mehr gibt. Die Verurteilung wird ausgesprochen.
Ich befinde mich in einer Situation, in der Urteile gefällt werden. Meine Mitmenschen tun das. Ich sehe keine Möglichkeit mich dagegen zu wehren, auch wenn das Urteil ungerecht ist.
Jesus hat das Urteil angenommen. Ich nehme die Verurteilung durch meine Umwelt ebenfalls an.

2. Station: Jesus nimmt das Kreuz auf sich.

Ich schaue, wie Jesus ohne Widerspruch das Kreuz auf sich nimmt.

Ich wehre mich nicht mehr gegen das Leid, die Anstrengung und die Last der Arbeit.

3. Station: Jesus fällt das erste Mal unter dem Kreuz.
Ich sehe, dass Jesus schwach ist und stolpert, er fällt zu Boden. Ich muss nicht stark sein, kann akzeptieren, dass ich Fehler mache. Ich stehe wieder auf.

4. Station: Jesus begegnet seiner Mutter.

Jesus muss seiner Mutter die Schmach antun, ihn verletzt und schwach zu sehen. Zu seinem Schmerz kommt der Schmerz der Mutter.
Ich kann meinen Schmerz nicht vor geliebten Menschen verbergen, kann ihnen den Schmerz nicht ersparen.

5. Station: Simon von Cyrene hilft Jesus das Kreuz tragen.

Jesus lässt sich helfen.
Ich möchte alles alleine machen, mein Stolz will es nicht zulassen, dass mir jemand hilft. Aber wenn Jesus sich helfen ließ, dann überwinde ich meinen Stolz und nehme Hilfe dankbar an.

6. Station: Veronika reicht Jesus das Schweißtuch.

Eine liebende Hand versucht das Leid zu lindern. Erkenne ich, wo mich jemand trösten will, oder schaue ich darüber hinweg? Hindert mich mein Stolz daran, mein Leid zu zeigen und weise ich Anteilnahme ab?
Ich lasse es zu. Ich verleugne meinen Kummer nicht.

7. Station: Jesus fällt zum zweiten Mal unter dem Kreuz.

Der Weg ist weit, Jesus ist geschwächt.
Ich habe mir so sehr vorgenommen, nicht noch einmal zu fallen, und doch ist es passiert, dieselben Fehler und das Versagen holen mich wieder ein. Ich blicke zu Jesus und gebe meine Schwäche zu, und ich stehe wieder auf und gehe weiter.

8. Station: Jesus begegnet den Frauen von Jerusalem.

Er schaut vom eigenen Leid zu dem der anderen. Ich konzentriere mich nicht auf mein Unbill, auf mein Versagen und mein Leid, sondern blicke um mich und nehme Anteil am Leben der anderen. Ich bin nicht allein, andere tragen Lasten.

9. Station: Jesus fällt zum dritten Mal unter dem Kreuz.

Ich kann nicht mehr. Mir wird alles zu viel. Ich möchte am liebsten liegen bleiben, von nichts mehr etwas wissen, nichts mehr tun. Aber Jesus ist aufgestanden, also raffe ich mich auf und stelle mich meinen Aufgaben.

10. Station: Jesus wird seiner Kleider beraubt.

Er ist den Blicken ausgesetzt. Jeder kann das Elend sehen, nichts wird mehr verdeckt.
Sieht man mir mein Elend an? Ich schäme mich so für mein Versagen, für meine Kraftlosigkeit. Ich verbinde meine Schwäche und mein Ausgesetztsein mit Jesu Blöße.

11. Station: Jesus wird ans Kreuz geschlagen.

Nun gibt es kein Entkommen mehr. Das Ende ist unausweichlich. Gibt es für meine Probleme, für meine Situation kein Entkommen, keine Lösung? Ich sehe keine, ich bin an die Aussichtslosigkeit gebunden. Ich werfe alle meine Sorgen auf das Kreuz Jesu. Er hat alle unsere Krankheit und Schuld getragen. Mir wird die Last von den Schultern genommen.

12. Station: Jesus stirbt am Kreuz.

Paulus sagt, wir sind mit Christus gestorben, wir werden mit ihm leben (vgl. Röm 6,3). Was stirbt, wenn ich mit Christus sterbe – mein Stolz, meine Sünden, meine Selbstgefälligkeit, meine Menschenfurcht, mein Kreisen um mich selbst und meine Probleme. Ich hoffe auf die Auferstehung und ich hoffe auch auf eine „Auferstehung" von den scheinbar unlösbaren Problemen in dieser Welt.

13. Station: Jesus wird vom Kreuz genommen und in den Schoß seiner Mutter gelegt.

Der Tod ist real, die Trauer ist grenzenlos. Jesus war als Kind im Schoß der Mutter geborgen, nun hält sie ihn wieder. Kann ich mich im Schoß der Mutter sicher und beschützt fühlen? Jesus hat uns seine Mutter zu unserer Mutter gegeben. Nun kann ich Zuflucht finden.

14. Station: Jesus wird ins Grab gelegt.

Alles ist zu Ende. Das Grab wird verschlossen, der Leichnam den Blicken entzogen. Wenn ich mit Christus gestorben bin, werde ich dann von allen vergessen, werde ich dann allen bösen Blicken entzogen? Kann mir niemand mehr etwas anhaben? Der Tod tilgt alles Leben, das Angenehme und das Schlimme. Ich wage, alles loszulassen und begrabe es. Ich erwarte die Auferstehung, ich erwarte ein völlig neues Leben.

***

So ungefähr betete ich damals in der Zeit, als ich nicht mehr weiter wusste, mir meine Lage im Beruf aussichtslos erschien, mich nur von Feinden umgeben glaubte. Es änderte sich an den äußeren Umständen kaum etwas, aber die Betrachtung von Jesu Leiden änderte meinen Blick, mein Leid relativierte sich.

Natürlich lässt sich unser Leid nicht mit dem Todesleiden Jesu vergleichen, aber wer kennt nicht Lebenssituationen, wo man keinen Ausweg sieht, sich nur weit weg wünscht? Ich kann nur sagen, dass mich das Gebet befähigte, den Alltag auf mich zu nehmen, das Leid nicht mehr wegzuwünschen, sondern anzunehmen: die Anstrengung, die Häme der anderen, mein eigenes Ungenügen und die Unmöglichkeit, mich mitzuteilen. Und es wurde tatsächlich leichter, ohne dass ich mir andere Arbeitsstrategien ausdenken musste. Es kamen wieder bessere Zeiten, in denen mir die Arbeit wieder Freude machte, meine Kreativität zurückkehrte.

Ein verlorenes Schaf

Da erzählte Jesus ihnen ein Gleichnis und sagte: Wenn einer von euch hundert Schafe hat und eines davon verliert, lässt er dann nicht die neunundneunzig in der Steppe zurück und geht dem verlorenen nach, bis er es findet? (Lk 15,3-6)

Mit einem Gebet über dieses Gleichnis baute mich vor einiger Zeit meine gute Freundin Anna auf, als ich im Vertrauen auf Gott stark nachgelassen hatte. Die Folge meines Misstrauens gegen Gott war eine depressive Stimmung. Ich jammerte meine Freundin an, dass ich in meinem Leben bisher nichts zustande gebracht hätte und auch für die Zukunft keinen Sinn erkennen könne. Im tiefsten Inneren wusste ich ja, dass das nicht stimmte, aber meine Gefühle waren auf Sinnlosigkeit eingestimmt.

Nachdem Anna mir eine Weile zugehört hatte und merkte, dass gutes Zureden nicht half, tat sie das einzige, was mir in dieser Situation wirklich helfen konnte: sie schlug vor, mit mir zu beten. Ich willigte ein und dachte, dass ich es halt über mich ergehen lassen würde.

In ihrem Gebet meditierte Anna das Gleichnis vom verlorenen Schaf und stellte mir bildlich vor Augen, wie ich dieses verlorene Schaf war, das von Jesus gesucht wurde. Da musste ich mein inneres Widerstreben aufgeben und wandte mich selber Jesus wieder zu. Unter Seinem Blick gibt es keine Sinnlosigkeit. Hier gebe ich das Gebet meiner Freundin aus der Erinnerung wieder:

***

Meditation

Schau im Geiste, wie Jesus dich sucht. Du bist aus dem Gehege weg gegangen, wo du sicher warst. Jetzt hast du dich verlaufen, bist ins Gestrüpp geraten und kannst nicht mehr heraus.

Jesus sieht dich im Gebüsch. Er kommt auf dich zu, Er teilt die Zweige, Er sticht sich an den Dornen, aber Er findet dich.

Lass dich von Ihm heraus holen. Er nimmt dich auf die Schultern, du musst nicht alleine gehen. Du darfst schwach sein. Er trägt dich. Bei Ihm bist du sicher.

Er trägt dich dorthin, wo dir niemand etwas tun kann und wo du alles hast, was du brauchst.

Ein Taborerlebnis

Die Verklärung Jesu:
Sechs Tage danach nahm Jesus Petrus, Jakobus und Johannes beiseite und führte sie auf einen hohen Berg, aber nur sie allein. Und er wurde vor ihren Augen verwandelt; seine Kleider wurden strahlend weiß, so weiß, wie sie auf Erden kein Bleicher machen kann.
Da erschien vor ihren Augen Elija und mit ihm Mose, und sie redeten mit Jesus.
Petrus sagte zu Jesus: Rabbi, es ist gut, dass wir hier sind. Wir wollen drei Hütten bauen, eine für dich, eine für Mose und eine für Elija. Er wusste nämlich nicht, was er sagen sollte; denn sie waren vor Furcht ganz benommen. Da kam eine Wolke und warf ihren Schatten auf sie, und aus der Wolke rief eine Stimme: Das ist mein geliebter Sohn; auf ihn sollt ihr hören.
Als sie dann um sich blickten, sahen sie auf einmal niemand mehr bei sich außer Jesus. (Mk 9.2-10)

Zu Pfingsten 2006 schloss ich mich einer Reisegruppe an, die nach Rom und Manopello pilgern wollte.

In Manopello, einem kleinen Dorf in den italienischen Abruzzen, gibt es ein Bild, das ein Angesicht darstellt. Es ist eines jener Bilder, von denen man sagt, dass sie nicht von Menschenhand gemacht seien (wie z. B. das Turiner Grabtuch und das Bildnis der Muttergottes in Guadelupe in Mexiko). Es ist tatsächlich kaum vorstellbar, wie man auf ein durchsichtiges Schleiertuch ein Bild ohne Farbauftrag malen könnte. Das Bild in Manopello ist ganz offensichtlich auch keine Fotografie.

Hier soll aber nicht von unerklärlichen Phänomenen die Rede sein, sondern vom Gesichtsausdruck des abgebildeten Menschen, von dem man sagt, dass es Jesus ist.

Bevor ich mich zu dieser Reise anmeldete, hatte ich ein Buch gelesen, das sich mit dem "Volto Santo", eben diesem Bild von Manopello, auseinandersetzt. Es soll den Auferstandenen darstellen. Die Augen und der Mund sind halb offen, es sind noch die Schrammen der Folterung zu sehen, wenn auch verheilt. Nebenbei bemerkt, stimmen die Proportionen des Gesichts verblüffend mit jenen überein, die auch das Grabtuch von Turin zeigt.

Paul Badde, ein Journalist, der das Buch über das Antlitz verfasste, sah in dem Gesichtsausdruck „Ruhe, Verblüffung, Erstaunen, Verwunderung, mildes Erbarmen."

Da stand ich also am Pfingstmontag vor diesem Bild – im Abstand von wenigen Zentimetern. Im Kopf die Vorinformationen durch Buch und die persönliche Erklärung des Autors, der uns begleitete, vor mir ein Bild, das ich vom künstlerischen Standpunkt nicht einordnen konnte. Ich zeichne selber gerne Porträts und das Bild vor mir sah aus wie ein detailliertes und feines Gemälde und war doch keins. Ich fotografierte unzählige Male bei unterschiedlichem Lichteinfall, wie wenn die Vergrößerung eines Fotos mir dieses Abbild näher erklären könnte. Schließlich ließ ich die Fotografiererei bleiben und kniete mich nur hin, den Anweisungen des Mönchs, der das Bild und die Pilger betreut, folgend, dass man weniger das Bild anschauen, als sich von ihm anschauen lassen soll.

Es war angenehm, dort in dieser kleinen Kirche vor dem Bild zu sein. Jesus schaute mich an. Ich hatte nur den Wunsch dableiben zu dürfen.

Zu Hause kopierte ich die Fotos auf den PC und starrte sie stundenlang an. Was sprach aus diesem Bild? Ich konnte mit dem Begriff „Erbarmen", wie Paul Badde geschrieben hatte, nichts anfangen. Was hatte dieses Gesicht, was ich noch in keinem gesehen hatte? Es war nicht unbedingt Schönheit; auch nicht Sanftmut oder Unschuld, auch wenn all diese Eigenschaften und noch andere irgendwie enthalten waren. Erstaunen war in dem Blick der halb geöffneten Augen.

Ich fand dann Einiges, was *nicht* in dem Gesicht war: Verbitterung, Enttäuschung, Gekränktheit, Angespanntheit, Bosheit, Zorn, Verstellung – also negativen Erfahrungen, die sich in jedem Erwachsenen in unterschiedlichem Ausmaß abzeichnen und die man zumindest in einem scheinbar unbeobachteten Augenblick sehen kann. Auf diesem Bild war das Antlitz eines Menschen abgebildet, der keinen negativen oder gar bösen Gedanken kannte.

Ein Ausdruck wie bei einem Kind? Nein, das war es auch nicht. Was aber?

Später bekam ich die Antwort. Es war am 6. August, dem Tag, an dem in der Katholischen Kirche das Fest der Verklärung Jesu gefeiert wird. Der Priester sprach in seiner Predigt von „Taborerlebnissen".

Die Beispiele, die er brachte, erschienen mir schal. Mir fiel wieder das Antlitz von Manopello ein. Es zu sehen, war nicht wirklich ein „Taborerlebnis" für mich gewesen. Es hatte keine emotionalen Auswirkungen auf mich gehabt.

Plötzlich stand mir ein anderes Gesicht vor Augen: das Gesicht meines Vaters, als er nach langem Koma wieder erwachte (siehe Kapitel: Ein Handel mit Gott): das unschuldige Gesicht eines Babies, ohne jede Erinnerung an das Leben vor dem Koma. Alles Vorangegangene war ausgelöscht. Es gab nur noch das Jetzt. Und blitzartig erkannte ich, was das Antlitz von Manopello hatte: Wissen. Wissen und Erinnerung. Das Gesicht meines Vaters war beim Erwachen aus dem Koma unschuldig, weil er nichts mehr wusste. Das Antlitz auf dem Volto Santo ist wissend. Der Mann, der hier „erwachte" (denn so sieht es für mich aus), hat kein Detail der Qual vergessen, aber er hat alles vergeben, in ihm ist kein negativer Gedanke, der die Seele trübt. Er *fühlt* sich nicht gekränkt oder verletzt, auch wenn die Spuren der Verletzungen äußerlich sichtbar sind: der Bart ist ausgerissen, die Nase ist gebrochen, an den Wangen sind Narben bzw. Blutergüsse. Aber seine Person ist heil. Er ist der Auferstandene.

Das war es wohl, das Paul Badde mit „Erbarmen" beschrieb: das Wissen und die Erfahrung von der Bosheit der anderen, aber selber davon innerlich unversehrt bleiben und vergeben.

Wenn sich also Gott meiner erbarmt, dann *weiß* Er alles von mir, aber Er nimmt mich an, wie ich bin und vergibt mir, wenn ich Ihn bitte. Als mir das klar wurde, erfasste mich eine Freude, die nur die Nähe Gottes bringen kann. In dieser Eucharistiefeier schritt ich langsam und feierlich, wie die vielen anderen Gottesdienstbesucher, zur Kommunion, aber innerlich tanzte und bebte ich.

Ich kann es eigentlich nicht beschreiben, was geschah, auch nicht, warum es so war, aber ich wünsche allen, diese Nähe Gottes in einem solchen überreichlichen Maß zu erfahren. Eben ein Taborerlebnis.

Gedanken zur Auferstehung

Am ersten Tag der Woche gingen die Frauen mit den wohlriechenden Salben, die sie zubereitet hatten, in aller Frühe zum Grab. Da sahen sie, dass der Stein vom Grab weggewälzt war; sie gingen hinein, aber den Leichnam Jesu, des Herrn, fanden sie nicht. Während sie ratlos dastanden, traten zwei Männer in leuchtenden Gewändern zu ihnen. Die Frauen erschraken und blickten zu Boden. Die Männer aber sagten zu ihnen: Was sucht ihr den Lebenden bei den Toten? Er ist nicht hier, sondern er ist auferstanden. Erinnert euch an das, was er euch gesagt hat, als er noch in Galiläa war: Der Menschensohn muss den Sündern ausgeliefert und gekreuzigt werden und am dritten Tag auferstehen. Da erinnerten sie sich an seine Worte. Und sie kehrten vom Grab in die Stadt zurück und berichteten alles den Elf und den anderen Jüngern. (Lk 24, 1-10)

Das ist kaum ansatzweise zu begreifen. Auch die Jünger haben Zeit gebraucht - Jesus hat ihnen diese Zeit auch gegeben. Er ist dem Thomas sogar so weit entgegen gekommen, dass Er seinem Wunsch entsprochen hat (vgl. Joh 20, 24-29).

Ich kann und will die Auferstehung nicht erklären, sondern nur ein paar Aspekte meditieren.

Fakten, die aus der Bibel und der kirchlichen Tradition bekannt sind: Jesus ist gestorben, ins Grab gelegt worden. Dann war das Grab leer. Engel haben erklärt, dass Er auferstanden ist.

Viele haben Ihn gesehen: zuerst die Frauen (vgl. Mk 16,1-7), dann Petrus, Johannes (vgl. Joh 20, 3-9), die beiden Jünger, die von Jerusalem nach Emmaus gingen (vgl. Lk 24, 13-35), die

Apostel, schließlich die versammelten Jünger. Paulus nennt eine große Zahl inklusive sich selbst (vgl. 1 Kor 15, 1–8).

Wie waren diese Begegnungen? Jesus war für die Menschen nicht auf den ersten Blick zu erkennen. Maria Magdalena ist blind vor Schmerz. Sie erkennt Ihn erst, wie Er sie anredet. (vgl. Joh 20, 15–16) Die Emmausjünger erkennen Ihn an der Art, wie beim Essen das Brot bricht und ihnen reicht.

Jesus ist kein Gespenst: Er sagt zu den erschrockenen Jüngern: „Seht meine Hände und meine Füße an: Ich bin es selbst. Fasst mich doch an, und begreift: Kein Geist hat Fleisch und Knochen, wie ihr es bei mir seht." (Lk 24,39)
Er isst mit den Jüngern, lässt sich berühren, wenn auch nicht festhalten.

Wie sieht Er aus? Wunden sind vorhanden. Mit der Auferstehung streift Er Sein Leben vor dem Tod nicht ab. Er ist durch das Leid hindurch gegangen und behält die Wundmale. Er löst sich nicht in ein kosmisches Etwas auf, das nicht fassbar ist. Er wird auch nicht als ein anderer wieder geboren („reinkarniert") und Er kommt auch nicht zurück, um dort weiter zu machen, wo Er aufgehört hat, also nicht wie die Menschen, die Er aus dem Tod zum Leben zurück gerufen hat, wie zum Beispiel Lazarus (Joh 11,43–44) oder die Tochter des Jairus (Mak 5,40–43) oder den Jüngling von Nain (Lk 7,11–17).

Jesus hat einen Leib, verklärt, verherrlicht, persönlich, fassbar, aber die Materie kann Ihm nichts mehr anhaben: Er kann durch verschlossene Türen gehen (Joh 20,19.26), den Augen entschwinden (vgl. Lk 24,31.51; Apg 1,9).

Für uns Christen heißt das: in Jesus ist unser Leid gestorben und auferstanden. Wenn wir geheilt sind, heißt das nicht, dass alle leidvollen Spuren gelöscht sind, sondern in Seinen Tod hinein genommen, mit Ihm auferstanden. Die Wundmale sind noch da, aber wir haben das Leben.

Hätte Jesus sich nach Seinem Tod nicht so gezeigt, dann wäre alles umsonst gewesen und wir könnten nicht geheilt werden. Wir sind es nur in Ihm.

***

Meditation

Ich bin Gottes Kind in Jesus:

Er hat Fleisch angenommen, wurde geboren wie ich.

Er hat ein menschliches Leben gelebt, für uns, für mich.

In der Taufe im Jordan hat Jesus mein Leben

auf sich genommen.

Ich gebe Ihm bewusst das, was mich heute bedrückt: eine

Sünde, ein Leid, eine Gebundenheit. Jesus nimmt es auf sich,

Er wäscht es von mir ab.

Ich höre, wie Gott zu mir sagt: du bist mein geliebtes Kind.

Mein Leben, meine Sünden, mein Leid, alles was mich bedrückt,

womit ich nicht fertig werde: heute gebe ich es an Sein Kreuz.

Meine Probleme, meine Sünden, alles was ich bekenne, stirbt

mit Ihm. Ich stehe mit Ihm auf: ich trage die Male meiner

Wunden und meiner Sünden, so wie ich die Wundmale an Jesus

sehe. Sie sind noch da, nicht weggezaubert, aber sie werden

nicht mehr schmerzen. Sie tun nicht mehr weh. Ich bin in Jesus

geheilt.

Die Sonne tritt aus ihrem Gemach hervor wie ein Bräutigam; sie frohlockt wie ein Held und läuft ihre Bahn. (Ps 19,6)

Asche hüten

Wer Asche hütet, den hat sein Herz verführt und betrogen. Er wird sein Leben nicht retten und wird nicht sagen: Ich halte ja nur ein Trugbild in meiner rechten Hand. (Jes 44,20)

Eine enge Freundin, ich nenne sie der Einfachheit halber Renate (das war nicht ihr wirklicher Name), war einmal sehr unglücklich. Eine alte Geschichte kam ihr immer wieder hoch: sie konnte es nicht verwinden, dass der Freund, mit dem sie mehrere Jahre zusammen war und den sie immer noch für ihre große Liebe hielt, eines Tages aus ihrem Leben ging, ohne ihr zu erklären, warum er sie verließ. Sie überlegte daher, ob sie nicht wieder Kontakt mit ihm aufnehmen sollte, damit er ihr endlich sagte, warum er die Beziehung nicht weiterführen wollte. Sie war während der Dauer der Beziehung überzeugt, dass sie beide diese Liebe auf dem Hohelied der Liebe aufgebaut hätten (1 Kor 12,31b-13,13). Da sie so hohe Ideale hatten, hätte es doch mit der Liebe klappen müssen!

Aber nein, der Mann ging eines Tages aus ihrem Leben fort, ohne ein Wort, warum er das tat. Renate heiratete dann einen anderen Mann, der gut zu ihr war, aber sie war nie wirklich glücklich mit ihm, denn die Trennung von ihrer großen Liebe nagte an ihr.

Sie erzählte lange von diesem früheren Freund. Ich verstand nicht alles, was sie sagte, konnte ihr keinen Trost geben, und ging betrübt nach Hause.

Daheim fiel mir der Beginn des Verses aus Jesaja ein: Wer Asche hütet ...

Ich schlug nach, um den ganzen Vers im Zusammenhang zu finden. Ja, es war so, das Bild von der Asche passte auf das, was meine Freundin so quälte.

Ich überlegte lange, wie ich meiner Freundin in dieser Sache helfen konnte. Ich wollte nicht belehrend wirken. Ich wartete auf eine Gelegenheit, noch einmal mit ihr darüber zu reden. Es ergab sich keine, denn eine dramatische Wendung ihres Lebens ließ die alte Liebesgeschichte nebensächlich werden. Sie erkrankte an Krebs und starb ein halbes Jahr nach der Diagnose-Stellung. Ihr Tod war ein großer Verlust für alle, die sie kannten, und wir trauerten lange und es blieb auch der unangenehme Gedanke bei vielen von uns, ob wir ihr nicht besser hätten beistehen können.

Als sich nach einiger Zeit die Erinnerung an sie ordnete, fiel mir auch wieder das Bild vom Hüten der Asche ein. Für Renate war es zu spät, darüber zu meditieren und vielleicht eine Lebenshilfe zu finden, aber ich fand, dass es in meinem Leben eine Menge Asche gab, die ich nicht losgeworden war.

Was gab es nicht alles an Ereignissen, die nicht so verlaufen waren, dass man angenehme Erinnerungen daran hatte! Holte ich nicht immer wieder etwas davon hervor, um mich in Selbstvorwürfen zu ergehen? Es stand mir nicht zu, meiner Freundin vorzuhalten, dass sie eine alte Liebe nicht loslassen konnte. In meinem Leben gab es ebenfalls eine verunglückte Beziehung, über die ich immer wieder nachgrübelte. Warum hatte ich nicht eher erkannt, dass mein damaliger Verlobter psychisch zu krank war, als dass wir eine gleichberechtigte Partnerschaft hätten eingehen können? Ich hatte vor lauter Verliebtheit die ersten Anzeichen seiner gestörten Persönlichkeit ignoriert. Erst als es bedrohlich für mich wurde, trennte ich mich von ihm. Hätte ich früher reagiert, hätte ich mir und ihm viel Unglück erspart. Ich suchte Rat und Hilfe bei meinem Pfarrer und bei einer Freundin. Der Pfarrer sagte mir unmissverständlich, dass es eben Menschen gibt, die zur Ehe unfähig sind. Mit einem Bild drückte meine Freundin, von Beruf Psychotherapeutin, dasselbe aus: „Man steigt nicht in ein Auto, das nur drei Räder hat. Wenn unterwegs etwas passiert, muss man versuchen, es zu reparieren, aber die Abfahrt muss in Ordnung sein."

Das half mir, die Entscheidung zu treffen, aber verhinderte nicht die Grübelei, die ich noch viele Jahre pflegte. Ich stellte mich selbst, mein Urteilsvermögen und meine Fähigkeit zur Partnerschaft und Liebe in Frage. Wie konnte das alles passieren? Ich war damals überzeugt gewesen, dass ich von Gott in diese Partnerschaft geführt worden war. Gott konnte mich nicht in die Irre geführt haben, also war ich selbst es, die sich einer Täuschung hingegeben hatte. Der schlimmste Gedanke war, dass ich mir nicht mehr zutraute, Gottes Willen für mich zu verstehen, nachdem ich ihn offensichtlich missverstanden hatte. Ich kreiste unentwegt um dieselben Probleme.

Nach Renates Tod stand mir dann der Vers aus Jesaja vor Augen, der mir ursprünglich für meine Freundin maßgeschneidert erschien. Er passte genau auch auf mein eigenes Leben. Er begann mir eine Lehre zu sein. Ja, ich betrog mich selbst, wenn ich immer wieder um die alten Probleme kreiste und hinderte mich daran, mein Leben in Fülle zu leben. Der Prozess des Loslassens ist schwer. So ganz ist es mir noch nicht einmal jetzt gelungen. Aber ich bete zuversichtlich weiter.

***

Meditation

Vater im Himmel, Du hast es zugelassen, dass ich so eine schlimme Enttäuschung erlebt habe. Ich finde keine Erklärung dafür, warum sich alles so zugetragen hat. Ich gestehe, dass ich sogar an Dir gezweifelt habe.

Ich will umkehren zu Dir. Ich habe mich entschlossen, Dir neu zu vertrauen.

Nimm meinen schwachen Glauben an Deine Vorsehung an.

Ich werfe mich in Deine Arme und lege meine Vergangenheit in Deine Hände. Du weißt, wofür alles gut ist.

Auch wenn ich nicht verstehe, warum Du dieses Ereignis zugelassen hast, so nehme ich es als Teil meines Lebens an, im Vertrauen darauf, dass Du alles weißt und aus allem, was ich tue und was mir widerfährt, etwas Gutes zu meinem Heil machst.

Es wird einen Tag geben, an dem alles offenbar wird, und ebenso, wie alle Ereignisse zusammengehören. Dann wird es kein Leid mehr geben, sondern nur Freude über Deine Güte.

Ich danke Dir, dass Du mein Leben in der Hand hältst.

Gottes Plan und Wille für mich

Welcher Mensch kann Gottes Plan erkennen, oder wer begreift, was der Herr will?
Unsicher sind die Berechnungen der Sterblichen und hinfällig unsere Gedanken; denn der vergängliche Leib beschwert die Seele, und das irdische Zelt belastet den um vieles besorgten Geist.
Wir erraten kaum, was auf der Erde vorgeht, und finden nur mit Mühe, was doch auf der Hand liegt; wer kann dann ergründen, was im Himmel ist?
Wer hat je deinen Plan erkannt, wenn du ihm nicht Weisheit gegeben und deinen heiligen Geist aus der Höhe gesandt hast?
So wurden die Pfade der Erdenbewohner gerade gemacht, und die Menschen lernten, was dir gefällt; durch die Weisheit wurden sie gerettet.
(Weish 9,13-19)

Diese Lesung hörte ich an einem sonnigen Herbsttag im Jahre 2013. Der Priester konzentrierte sich in seiner Predigt ganz auf diese Lesung. Ich kann nur wiedergeben, was ich mir gemerkt habe, beziehungsweise was mich getroffen hat und wie es sich in mir formuliert hat.

Der Schreiber dieser Zeilen klingt besonders am Beginn dieser Zeilen sehr pessimistisch und verzagt. Im Grunde sind wir heute nicht anders dran: trotz aller Fortschritte in Wissenschaft und Forschung „erraten" wir Vieles, „was auf der Erde vorgeht", nur bruchstückhaft und das meiste noch lange nicht oder gar niemals, und noch weniger wissen wir, „was im Himmel ist".

Was will der Herr? Der Autor dieser Zeilen der Heiligen Schrift tröstet seine Leser damit, dass Gott dem Menschen

Weisheit und den heiligen Geist aus der Höhe gesandt hat. In den folgenden Versen beginnt ein langes Loblied auf die Weisheit, die rettete und befreite. Nicht zu übersehen sind die Parallelen zur Erlösungstat Christi, der uns endgültig gerettet hat. Der Prophet nimmt hier das Neue Testament vorweg.

So sprach denn auch der Priester in der heiligen Messe davon, dass wir im Neuen Testament sehr wohl wissen, was Gott will. Da gibt es den latenten Zweifel und Pessimismus des Weisheitsbuches nicht mehr.

Und nun kommt das, was für mich völlig neu war: der Priester zitierte den 1. Vers den 9. Kapitels wörtlich. Da steht nämlich: wer begreift, was der Herr will? Denn es geht ja um Gottes Pläne *und* Willen.

Bisher habe ich, wenn ich nach dem Willen Gottes fragte, immer nur einseitig gedacht: Herr, was willst Du, dass ich tun soll?

Ich bin sicher nicht die einzige, die so betete. Dabei übersah ich, dass ja Gott in erster Linie derjenige ist, der zuerst aktiv ist. Ich kann also fragen: Gott, was willst *Du*? Was willst *Du* mit mir tun?

Der Priester in der Messe formulierte die Antwort so: Gottes Wille ist es, uns zu lieben. Punkt.

Das saß! Es stimmt, wir müssen uns ja gar nicht abstrampeln mit Aktivitäten, um Gott zu gefallen, sondern wir brauchen uns nur jederzeit daran zu erinnern, dass Gott uns lieben will.

Preist den Herrn, ihr Berge und Hügel; lobt und rühmt ihn in Ewigkeit!
(Dan 3,75)

Das ist Sein Wille! Was für eine Erleichterung, wenn ich wieder einmal krampfhaft darüber nachdenke, ob ich denn den Willen Gottes richtig erkannt habe und danach handle.

Ein paar Tage später hatte ich die Gelegenheit, diese Frohe Botschaft auch einer Freundin mitzuteilen, die zu dieser Zeit in der Krise steckte, den Willen Gottes für sich zu deuten. Ihr ging es wie mir, ein großes Erstaunen und eine Erleichterung überkamen sie. Ja, wir können zu Gott sagen: Da bin ich, ich lasse mich von Dir lieben!

***

Meditation

Lieber Vater, hier bin ich vor Dir. Ich schaue Dich im Geiste an.
Du siehst mich an. Es ist ein liebender Blick. Heute will ich mir
dessen bewusst sein.

Du kennst mich in allen Facetten meines Daseins. Du warst in
meiner Vergangenheit dabei, hast mich immer begleitet, was
immer ich getan, gedacht und geredet habe. Dein Geist hat mir
die Impulse zur Umkehr gegeben. Du bist bei mir geblieben,
auch wenn ich Deinen Heiligen Geist ignoriert habe.

Du vergibst meine Sünde und wirfst sie hinter Dich, damit sie
nicht mehr gilt, mir nicht mehr vorgeworfen werden kann.

Ich habe Deine Liebe nicht verdient, Du schenkst sie mir ohne
Bedingungen zu stellen.

So wie ich heute bin, stehe ich vor Dir. Ich nehme Deine Liebe
für mich an. Mein Herz ist von Lob und Dank erfüllt.

Mensch und Tier

Herr, unser Herrscher, wie gewaltig ist dein Name auf der ganzen Erde; über den Himmel breitest du deine Hoheit aus.
Aus dem Mund der Kinder und Säuglinge schaffst du dir Lob, deinen Gegnern zum Trotz; deine Feinde und Widersacher müssen verstummen.
Seh' ich den Himmel, das Werk deiner Finger, Mond und Sterne, die du befestigt:
Was ist der Mensch, dass du an ihn denkst, des Menschen Kind, dass du dich seiner annimmst?
Du hast ihn nur wenig geringer gemacht als Gott, hast ihn mit Herrlichkeit und Ehre gekrönt.
Du hast ihn als Herrscher eingesetzt über das Werk deiner Hände, hast ihm alles zu Füßen gelegt:
All die Schafe, Ziegen und Rinder und auch die wilden Tiere, die Vögel des Himmels und die Fische im Meer, alles, was auf den Pfaden der Meere dahinzieht.
Herr, unser Herrscher, wie gewaltig ist dein Name auf der ganzen Erde!
(Ps 8,1-10)

Der Psalm spricht über den Menschen:

Zunächst wundert sich der Sänger, dass Gott, der so Großes geschaffen hat, sich überhaupt um so etwas Geringes, wie den Menschen kümmert. Aber er hat die Erfahrung gemacht, dass Gott auf den Menschen schaut. Und wie Gott das tut, zeigt, was der Mensch ist: er ist nicht nur ein etwas höheres Tier. Das Tier ist an seine Instinkte gebunden und einem bestimmten Lebensraum unterworfen. Fällt es aus diesem heraus, muss es sterben.

Der Mensch kann sich beinahe jeden Lebensraum erobern. Er kann sich die Natur dienstbar machen, nicht nur graduell mehr als die Tiere das können – Tiere müssen sich an die Gegebenheiten halten, wenn sie überleben wollen. Der Mensch kann gestalten, er kann Kultur schaffen. Das bedeutet Vers 7. Alles ist dem Menschen dienstbar, nicht nur ein bestimmter Bereich, eine „Nische", wie das bei den Tieren ist.

Diese Beschreibung des Menschen ist aber eingerahmt vom Lob Gottes. Denn das ist es letztlich, was den Menschen über die Tiere hinaushebt: er kann Gott loben. Und wenn er Mensch bleiben will, dann soll er das auch tun. Sonst bleibt er auf der Stufe der Tiere und wird von der Natur genau so abhängig wie die Tiere, das heißt, von den Trieben gesteuert.

Mit Schrecken müssen wir in unserer Gesellschaft vielfach sehen, wie Menschen, die Gott nicht mehr die Ehre geben, ihren Trieben und momentanen Regungen nachgeben (müssen). Schon einem geringen Hunger- oder Durstgefühl wird nachgegeben – mit dem Ergebnis, dass Fettleibigkeit und Süchte immer mehr zum medizinischen und ökonomischen Problem werden. Materielle Güter werden angeschafft, auch wenn man (noch) nicht die Mittel dazu hat. Verschuldungen sind die Folge.

Alles haben und überall hinfahren wollen schafft Emissionen, die das Klima nachhaltig zerstören. Etwas zaghaft beginnt man das zur Kenntnis zu nehmen. Die Angst vor Lawinen, Flutkatastrophen, Stürmen und Tsunamis rüttelt kurzfristig auf.

Eine absurde Folge des Denkens, dass der Mensch nur ein Wesen ist, das in der Evolution eine etwas höhere Stufe einnimmt, ist die Forderung, Tieren, insbesondere Primaten, Persönlichkeits- und Bürgerrechte einzuräumen. Weil sie letztere selbstverständlich nicht selber wahrnehmen können, möge man ihnen einen Sachwalter zuteilen.

Ein besonders heikles Thema ist in unseren Breiten ein Aufruf zur Enthaltsamkeit im sexuellen Bereich, will man sich nicht dem Vorwurf der Verklemmtheit aussetzen. Aber wir sehen ja, was Hemmungslosigkeit bringt: zerstörte Ehen und Familien, frühsexualisierte Kinder, die schulische Leistungsschwächen aufweisen und keinerlei Vertrauen mehr in Autoritäten haben. Weiters: Scheidungen, Abtreibungen, Patchworkfamilien, Anwachsen von Homosexualität und Kindesmissbrauch, und als Folge all dieser Fehlentwicklungen: Umkehrung der Alterspyramide. Jeder, der nicht die Augen fest verschließt, kann das sehen. Die immer kleiner werdende Zahl der Kinder gegenüber der wachsenden Zahl der alten Menschen alarmiert. Aber ein Großteil der Bevölkerung und der Politiker schaut nicht hin oder sucht für die Auswüchse andere Gründe und denkt offen oder heimlich an tödliche Lösungen.

Dabei gibt es im Grunde nur eine Ursache für die nahende Katastrophe: der Mensch hat sich selbst zum Maß aller Dinge gemacht und den Blick zu seinem Schöpfer vergessen.

Und es gibt nur eine Lösung der Probleme: wieder zum Schöpfer hinzuschauen und Ihm die Ehre zu geben. Das gibt einen klaren Blick dafür, wie die Welt und der Mensch beschaffen sind. Dann wird man Lösungen für die brennenden Probleme erkennen und

Preist den Herrn, all ihr Tiere, wilde und zahme; lobt und rühmt ihn in Ewigkeit! (Dan 3,81)

Freude am Leben bekommen, auch wenn man vielleicht nicht so viele Konsumgüter hat.

Das ist der erste Schritt zur Genesung der Gesellschaft.

***

Meditation

Herr, allmächtiger, dreifaltiger Gott, Du hast die Welt geschaffen und erhältst sie am Leben. Am Universum erkenne ich Deine Macht und Hoheit.

Es sind so viele, die das nicht anerkennen, aber die einfachen Menschen und die Kinder können es erkennen. Es nützt den Leugnern Deiner Gegenwart und Deiner Allmacht nichts, gegen Deine Macht anzurennen.

Die großartigen Werke der Natur deuten auf Dich hin. Ich erlebe mit Staunen, dass Du Dich um alles kümmerst und in erster Linie um die Menschen – um jeden einzelnen, um mich!

Und wie großartig hast Du den Menschen erschaffen! Du hast ihn nach Deinem Ebenbild gemacht, mit Schöpferkraft und Geist ausgestattet.

Du hast uns die Gaben der Natur geschenkt, dass wir sie zu unserem Nutzen annehmen und Kultur schaffen.

Das alles bewegt mich zum Lob Deiner Größe und Güte und zu überfließender Dankbarkeit.

Anteil

Petrus entgegnete ihm: Niemals sollst du mir die Füße waschen! Jesus erwiderte ihm: Wenn ich dich nicht wasche, hast du keinen Anteil an mir. (Joh 13,8)

Die Heilige Schrift ist in jeder Lebenslage eine Quelle des Trostes, der Erkenntnis und der Freude. Wenn ich zurück blicke, wann mir einzelne Textstellen besonders geholfen hatten, dann waren es zwar unterschiedliche Situationen, aber grundsätzlich war es immer dieselbe Not: etwas im Leben hatte mich aus der Ruhe gebracht, aus der Bahn geworfen, und der Glaube an Gottes Güte und Vorsehung war bedroht oder ganz verschwunden.

Wenn so etwas geschieht, gibt es kein einfaches Rezept, welches einem wieder heraushilft, denn das Leben macht keine eins-zu-eins Wiederholungen. Ich habe aber die Erfahrung gemacht, dass der Rat eines anderen wohl weiter helfen kann, am besten dann, wenn der andere dieselben Nöte durchgemacht hat und einen Ausweg gefunden hat. Es ist wohl auch so, dass der Heilige Geist jemandem genau das eingeben kann, was der andere eben braucht. Eine dieser Erfahrungen ist mir lebhaft im Gedächtnis geblieben.
Ich hatte wieder einmal eine Zeit, in der alles schwierig wurde. Ich kann nicht mehr sagen, ob da besondere äußere Umstände der Anlass waren, es waren wohl die üblichen Aufgaben, die mir gerade damals besonders schwer fielen. Und sie wurden zum Problem, weil mir plötzlich das Gefühl, von Gott getragen zu sein, abhanden gekommen war. Das Gebet wollte nicht von selbst kommen, sondern ich musste mich dazu zwingen. Ich

bekam Gewissensbisse, weil mir das Gebet keine Freude sondern lästige Pflicht war.

Ich hatte vergessen, dass so etwas im geistlichen Leben durchaus normal ist, nämlich dass es Zeiten gibt, in denen man zwar zu beten versucht, aber das Gebet ist von keinerlei Gefühl begleitet, es scheint nichts zu bewirken und Gott scheint unendlich fern zu sein. Selbst als ich mich an diese Tatsache, die von so vielen Heiligen und Seelenführern beschrieben wird, erinnerte, ging es mir keineswegs besser. Es war mir kein Trost, dass Gott mich eventuell durch diese Trockenheit prüfen wollte. Schließlich war ich gerade zu dieser Zeit Leiterin einer Gebetsgruppe und sollte den Mitgliedern auf ihrer Suche nach Gotteserfahrung helfen. Wenn ich jetzt von Erfahrung sprach, dann war das bestenfalls eine magere Erinnerung von Gottesnähe in der Vergangenheit. Wie sollte ich die Liebe Gottes vermitteln, wenn ich sie selbst nicht zu erfahren meinte? Wie sollte ich davon sprechen, dass wir im Gebet die Nähe Gottes zu erfahren trachten, wenn sie mir selbst abhanden gekommen war?

Ich vertraute mich einer Freundin an und sie verwies mich an einen befreundeten Seelsorger. Ich schilderte ihm mein Tief und meine Besorgnis.

Es ist oft seltsam, was einem hilft. Diesmal war es keine Verheißung, keine Schriftstelle von der Macht Jesu, den Sturm zu stillen oder zu heilen. Nein, was mich diesmal aufbaute und tröstete, war die Bemerkung des Paters, dass mein Gefühl der Verlassenheit und Trockenheit mein Anteil am Wesen Jesu ist.

Das Neue Testament spricht mehrmals davon, dass wir Anteil an Jesus haben.

Und nun, da ich das schreibe, steht das Wort Anteil wieder vor mir. Ein befreundeter Priester sprach es mir zu, als ich ihm erzählte, dass sich mein Gesundheitszustand plötzlich dramatisch verschlechtert hatte. In seinem Brief an mich klang es beinahe wie ein Privileg, dass ich mit dem Herrn den Kreuzweg gehen darf. Es traf mich hart. Aber diese Sichtweise hilft mir besser als alle Klage von meiner Seite oder von Freundes Seite ein hilfloses „Das wird schon wieder", wenn doch bekannt ist, wie diese Krankheit üblicherweise verläuft.

In Hebr 12,10 heißt es: „Jene [damit sind unsere leiblichen Väter gemeint] haben uns für kurze Zeit nach ihrem Gutdünken in Zucht genommen; er [das ist unser Vater im Himmel] aber tut es zu unserem Besten, damit wir Anteil an seiner Heiligkeit gewinnen."

Unser Ziel ist es also, an der Heiligkeit und Herrlichkeit Gottes Anteil zu bekommen. In erster Linie ist die Verheißung gemeint, dass wir als Kinder Gottes die Erben des Reiches sind, also dass wir in Jesus jetzt schon Anteil an der Heiligkeit haben und nach dem Erdenleben eine „Wohnung" im Himmel (vgl. Joh 14,22 und Kor 5,1). Wir sind ja hier auf Erden als Getaufte, damit wir Jesus immer ähnlicher werden, was aber kein Leistungsstreben bedeutet, sondern die Annahme des Geschenkes von Gott her. Klaus Berger sagt „Im Schauen auf Gott und auf Jesus wird dem Menschen die Ähnlichkeit mit Gott zugeeignet." [8]

---

[8] Berger, Klaus: Die Bibelfälscher. S 117

135

Preist den Herrn, Tau und Schnee; lobt und rühmt ihn in Ewigkeit!
(Dan 3,68)

Dabei „zählt allein die verschwenderische, überströmende Fülle Gottes, sein Reichtum also, den er mit vollen Händen verteilt."[9]

Das Wort „Anteil haben" stupst mich wieder einmal daraufhin an, dass wir von Gott nicht *etwas* erwarten sollen, sondern Ihn selbst. Unsere Berufung ist es, Jesus ähnlich zu werden als seine Jünger. Dazu braucht es aber auch den Anteil am Leiden, so wie es Jesus auf sich genommen hat. Das spricht Petrus klar aus: „Liebe Brüder, lasst euch durch die Feuersglut, die zu eurer Prüfung über euch gekommen ist, nicht verwirren, als ob euch etwas Ungewöhnliches zustoße. Stattdessen freut euch, dass ihr Anteil an den Leiden Christi habt; denn so könnt ihr auch bei der Offenbarung seiner Herrlichkeit voll Freude jubeln." (1 Petr 4,12-13). Das erleichtert auch schwierige Entscheidungen, bei denen man geneigt ist zu fragen, was denn dabei Gottes Willen sei, z.B. die Frage, ob ich eine riskante Operation durchführen lassen soll. Wenn ich zu diesem Problem von Jesus kein Wort bekomme, dann kann ich mich darauf verlassen, dass Er mit jeder Entscheidung, egal, welche ich treffe, mitgehen wird. Vorrangig ist, Ihm zu folgen, Ihm ähnlich zu werden, alles andere ist sekundär. Wenn eine bestimmte Entscheidung meinem Heil dienlicher ist als eine andere, dann wird Gott Mittel und Wege finden, sich mir verständlich zu machen.

Das klingt nach Vertröstung auf das Jenseits. Das ist etwas, was man der Religion immer wieder vorwirft. Aber gibt es nicht Situationen, wo nichts mehr bleibt als die Hoffnung, einmal - und wenn es eben im Jenseits ist - einen Ausgleich für alles er-

---

[9] Ebda

137

littene Leid, Ungerechtigkeit und Schicksalsschläge zu bekommen?

Und weiter: wenn Jesus derjenige ist, den ich aus ganzem Herzen zu lieben versuche, dann kann ich auch das annehmen, was mich bedrückt und zu vernichten scheint, weil es mich Ihm noch näher bringt. Schließlich hat er alles durchlitten an physischem und psychischem Leid, was einem Menschen nur zustoßen kann.

***

Meditation

In meinem Inneren ist es trocken und leer. Hatte ich jemals Freude am Beten?

Ist es wahr, dass ich irgendwann im Leben das Empfinden hatte, Jesus ganz nahe zu sein?

Nichts davon ist jetzt zu spüren. Als wäre die Freude an der Gegenwart Gottes ein Traum gewesen, der sich nach dem Aufwachen verflüchtigte. Ein Traum hat keine Realität in der Welt des Wachens. War die fühlbare Gegenwart Gottes ein Traum oder eine Einbildung?

Ich lasse mich belehren: auch die Trockenheit und das Gefühl der Ferne Gottes ist ein Anteil am Leben des Herrn. Auch Er hat es erlebt. Er kennt dieses Gefühl und geht mit mir durch dieses frustrierende Erleben durch.

Ich halte fest am Gebet, auch wenn ich keinen Widerhall finde. Jesus, ich glaube an Deine Gegenwart, an die Gegenwart des Vaters, des Sohnes und des Heiligen Geistes. Es ist ein Akt meines Willens und meines Vertrauens in Dein Wort und in das Wort Deiner Vertreter auf Erden.

Ich bekenne Dir meine Sünden. Ich bekenne dir vor allem, dass ich Deine Gegenwart und Sorge für mich in Zweifel gestellt habe.

Ich vergebe den Menschen, die gegen mich gesündigt haben.

Ich halte mich an Dich und Deine Verheißung, nicht an Gefühle und Stimmungen. Ich klammere mich nicht daran, dass Du mich nur hörst, wenn ich in meinem Inneren eine positive Empfindung habe.

Ich nehme es an, dass es leer und trocken in mir ist.

Ich danke Dir, dass Du mich hörst, auch wenn ich Dich nicht höre.

Ich weiß, dass Du mir Deine Fülle schenkst. Ich taste mich an die Gewissheit heran, dass Du alles zum Guten führst und Deine Herrlichkeit mich erwartet.

Ich vertraue darauf, dass diese Herrlichkeit nicht etwas in ferner Zukunft ist, sondern nahe.

Meine Sehnsucht ist groß. Erfülle meine Seele, sie ist hungrig und durstig nach Dir.

Dir sei Dank und Lobpreis.

Verurteilung

Jesus kam heraus; er trug die Dornenkrone und den purpurroten Mantel. Pilatus sagte zu ihnen: Seht, da ist der Mensch! (Joh 19,5)

Wer kennt diese Situation nicht! Es werden einem Vorwürfe gemacht, man wird beschimpft, und Menschen, die einem übel wollen, finden genau die Stelle, die am meisten schmerzt. Und es sind oft die Menschen, denen man besonders nahe steht, die einen am meisten verletzen können. Es kann sich zuspitzen, da wird einem das Leben buchstäblich zur Hölle gemacht. Und man findet keinen Ausweg mehr, keine Antwort auf die bedrohlichen Reden. Keine Rechtfertigung nützt.

Und es kommt noch schlimmer: Andere schließen sich an, sodass man nicht mehr weiß, wem man trauen kann. Man beschimpft mich, macht mir Vorwürfe. Ich spüre den Hohn aus den Worten, die sie an mich richten. Diese boshaften und schadenfrohen Blicke! Ich bin im Innersten getroffen und zutiefst verletzt. Das Urteil, das meine Feinde über mich gefällt haben, bedroht mein ganzes Sein. Ich kann mich nicht wehren. Wissen diese Menschen, was sie mir antun? Genießen sie es, mich zu quälen? Ich bin ihnen ausgeliefert. Ich kann nicht mehr unterscheiden, ob es Realität ist, was hier geschieht, oder ob ich aus einer Mücke einen Elefanten mache und einem Verfolgungswahn erlegen bin.

Ich spüre, wie Gefühle in mir aufsteigen: Gefühle der Rache, des Heimzahlenwollens. Ich möchte ihnen zeigen, dass ich nicht so bin, wie sie mich darstellen. Der Wunsch kommt auf,

über sie zu triumphieren. Ach, so will das Böse auch meine
Seele überwältigen! Es würgt mich. Was tun?

***

Meditation

Jesus, zu Dir schaue ich hin. Was sehe ich? Dich haben sie verurteilt. Dich, den einzigen ohne Sünde. Sie haben Deine Worte

absichtlich missverstanden und Dir daraus das Urteil

gesprochen. Sie haben Dich gequält und der Meute vorgeführt.

Du weißt, wie es ist, misshandelt und verspottet zu werden.

Mein Gott hat in übergroßem Maß durchgemacht, was mich

schmerzt und bedroht. Wenn ich glaube, es nicht mehr

auszuhalten, dann weiß ich, Dein Leid, Jesus, war größer.

Meines ist in Dir aufgefangen.

Ich halte mich an Dir fest. Du bist bei mir, auch wenn alle mich

verlassen.

Sei gepriesen zu jeder Zeit.

Sich führen lassen

Amen, amen, das sage ich dir: Als du noch jung warst, hast du dich selbst gegürtet und konntest gehen, wohin du wolltest. Wenn du aber alt geworden bist, wirst du deine Hände ausstrecken, und ein anderer wird dich gürten und dich führen, wohin du nicht willst. (Joh 21,18)

Im Jahre 2007 ereignete sich Vieles, was mein Leben wieder einmal völlig über den Haufen warf. Zunächst wurde ich mit der Diagnose Krebs konfrontiert. Allerdings sprachen die Ärzte zunächst noch von einer guten Prognose, einer Heilungschance von 95 Prozent. Man fragt sich dann nur, auf welcher Seite der Prozentangabe man steht. Aber davon später.

Ich wurde operiert, und erholte mich bald davon. In den Ruhestand versetzt wurde ich aus anderen Gründen.

Ein weiteres Problem galt es anzupacken. Bei meiner Mutter, die seit vielen Jahren alleine in Salzburg lebte, während ich noch in Wien unterrichtete, machten sich immer stärker die Zeichen der Demenz bemerkbar. Ernste finanzielle Probleme waren schon seit Jahren die Folge. Das bekamen wir immerhin in den Griff, als sie besachwaltet wurde. Ich wurde vom Gericht als Sachwalterin eingesetzt, was aus dreihundert Kilometern Distanz schwierig, aber doch zu handhaben war.

Bald konnte meine Mutter aber den Alltag nicht mehr ohne Gefahr für sich selbst bewältigen. Da es mir nach der Operation und Strahlenbehandlung eher schlecht ging, blieb mir nichts anderes übrig, als vorübergehend einen Platz in einem Pflegeheim für sie zu organisieren, damit ich auf Erholung in ein Kurheim fahren konnte.

Ich erholte mich ein wenig. Nach dem Kuraufenthalt ging ich daran, ein Heim zu suchen, in dem Mutter auf Dauer bleiben konnte. Das einzige Heim, das bereit war, unsere Mutter aufzunehmen, war aber eher für Menschen eingerichtet, die rund um die Uhr betreut werden mussten. Meine Mutter war noch wesentlich selbständiger, auch wenn man sie nicht alleine lassen konnte. In dem Heim war sie, die gewohnt war, eine 140 Quadratmeter-Wohnung für sich alleine zu haben, mit fünf anderen Heimbewohnern in einem karg eingerichteten Raum untergebracht. Ich weinte zwei Tage lang über diesen Zustand, aber ich fand keinen Ausweg. Ich stellte mich schon darauf ein, die Wohnung meiner Mutter aufzulösen. Vorerst brachte ich nur ein paar meiner eigenen Besitztümer, die ich in Wien nicht haben konnte, zu einem nahe gelegenen Flohmarkt. Besonders leid war mir um meine Hängematte, die mir immer Urlaubsstimmung vermittelt hatte, wenn ich nicht verreisen konnte. Aber in meiner Wiener Umgebung gab es keine Möglichkeit sie zu gebrauchen. Sie wegzugeben war ein Symbol für den Abschied aus der Wohnung, in der ich vor meiner Übersiedlung nach Wien gewohnt hatte.

Als ich wieder zu Hause in Wien war, klagte ich einer Freundin Anna, wie schwer es mir fiel, unsere Mutter in diesem Heim zu wissen. Anna meinte: „Wenn du so traurig darüber bist, musst du etwas unternehmen, nämlich das, was dir dein Herz sagt."

Ich dachte darüber nach und da stand mir plötzlich der Satz vor Augen: „Wenn du aber alt geworden bist, wirst du deine Hände ausstrecken, und ein anderer wird dich gürten und dich führen, wohin du nicht willst". Ich wusste sofort, was das für mich bedeutete, packte hastig ein paar Sachen in den Rucksack, eilte zum Bahnhof und stieg in den nächsten Zug nach Salzburg. Vom Zug aus rief ich im Pflegeheim an und bat, man möge Mutters Sachen zusammenpacken, ich würde sie abholen und selber für sie sorgen. Den Papierkram würde ich später nachholen. Die Heimleiterin verstand irgendetwas falsch und schimpfte wütend auf mich ein. Sie versprach aber, alles Nötige zu veranlassen. Ich rief noch meinen Schwager an, damit er uns mit dem Auto abholte. Die Heimleiterin hatte sich mittlerweile beruhigt und Entlassungspapiere ausgestellt.

Am nächsten Tag ging ich zum Flohmarkt-Händler und fragte ihn, ob er meine Hängematte schon verkauft hätte. Er hatte nicht und gab sie mir zurück.

Ich nahm mir vor, so lange für meine Mutter zu sorgen wie es meine eigene Gesundheit erlaubte. Daraus wurden dreieinhalb Jahre. Gute Freunde übernahmen das Gießen meiner Zimmerpflanzen in meiner Wiener Wohnung. Ab und zu fuhr ich nach Wien, während meine Schwester ein bis zwei Tage bei unserer Mutter blieb. Wenn ich einmal länger wegfuhr, brachte ich Mama auf Kurzzeitpflege in ein Heim.

Von einem Verein bekam ich eine Hilfe, die die anstrengendsten Tätigkeiten des Haushalts übernahm.

Seht auf die Raben: Sie säen nicht und ernten nicht, sie haben keinen Speicher und keine Scheune; denn Gott ernährt sie. Wieviel mehr seid ihr wert als die Vögel! (Lk 12,24)

Es war für mich eine völlig neue Erfahrung, die mir nun zuteilwurde. Ich hatte zwar lange bei meinen Eltern gewohnt, bevor ich nach Wien zog, aber ich hatte nie mit jemandem zusammen gewohnt in der Weise, dass ich für ihn sorgen musste. Ich war nie verheiratet, hatte auch nie mit einem Lebenspartner eine Wohnung geteilt und habe keine Kinder. Nun lernte ich, wie es ist, wenn jemand ganz auf einen angewiesen ist. Ich koche gerne, und für meine Mutter zu sorgen war trotz aller Schwierigkeiten, die ihre fortschreitende Demenz mit sich brachte, eine beglückende Erfahrung. Sie war noch lange geistig genügend rege, dass sie meinen „Vorträgen" über verschiedene Themen folgen konnte, und gab meist einen verwunderten Kommentar dazu. Ihr schmeckte mein Essen, und sie lobte es auch immer wieder. Ich spürte, dass sie es schätzte, dass ich meine Wiener Umgebung aufgegeben hatte, um bei ihr zu sein. Das waren Eigenschaften an ihr, die sie vorher nicht hatte oder nicht äußern konnte. Ihre Dankbarkeit zeigte sie mir sogar, indem sie mir spontan ein teures Schmuckstück kaufte.

Natürlich gab es auch Reibereien, weil es für mich sehr schwierig war zu unterscheiden, was von den negativen Dingen nun der Demenz zuzuschreiben oder doch ein simpler, aber unangenehmer Familienzwist war. Schließlich kann man sich als Tochter von den Erfahrungen, die man mit der Mutter im Laufe des Lebens gemacht hat und die einem noch im Magen liegen, nicht einfach absentieren. Die Erinnerung färbt eine gegenwärtige Auseinandersetzung doch immer wieder. Schließlich lernten meine Schwester und ich, dass es nicht mehr möglich war, Vergangenes nachzuholen oder die Zuwendung einzufordern, die uns gefehlt hatte. Die Zeit war gekommen, wo wir nichts mehr erwarten durften, sondern nur noch zu geben hatten. Auch so kann eine alte Last von einem abfallen.

Es gab natürlich Zeiten, in denen es bedrückend war, dass ich „gegürtet und geführt wurde, wohin ich nicht wollte", und ich mir dachte, dass ich mir meine Pensionszeit ganz anders vorgestellt hatte, aber grundsätzlich war es eine glückliche Zeit. Das Positive an der Tätigkeit für Mama war vor allem das Wissen, dass ich gebraucht wurde, was auch die schwierigen Seiten wieder aufwog und sogar ins Gute wendete.

Es ist schwer zu beschreiben, warum es so war. Vielleicht ist es so, dass man etwas Schweres, was man als Gottes Willen erkannt hat, als Segen erlebt. Dass ich es nur getan hätte, weil ich es als Auftrag von Gott gesehen habe, trifft nicht zu, denn sie ist meine Mutter und tat mir im Pflegeheim so leid, dass mir das Herz zerspringen wollte. Aber man kann diese zwei Aspekte wohl nicht voneinander trennen.

So erfuhr ich praktisch, was ich vorher in einem Buch von Prof. Mattias Beck[10] gelesen hatte: der Wille Gottes ist etwas, was für den Menschen wichtig ist. Er ist nicht für Gott da, sondern für mich. Mein eigenes Wohl kommt daher, dass ich nach dem Willen Gottes lebe, und gemäß dem, was ich für Gaben bekommen habe.

Dass es eine schöne Zeit für mich war (für meine Mutter sicherlich auch), daran änderte auch eine Verschlechterung mei-

---

[10] Beck, Mattias: Der Krebs und die Seele: Gen – Geist – Gehirn – Gott. Schöningh 2004 (eine genaue Seitenzahl kann ich hier nicht angeben, aber der oben angeführte Gedanke zieht sich durch alle Bücher und Vorträge von M. Beck)

nes Gesundheitszustandes nichts. Nach fast zwei Jahren, die ich sie pflegte, stellte man bei einer Routinekontrolle Metastasen in meiner Lunge fest. Ich wurde in diesem Jahr dreimal operiert. Während der Krankenhausaufenthalte und der anschließenden Rekonvaleszenz war Mutter wieder im Pflegeheim. Ich war mir so sicher, dass ich mich wieder erholen würde, dass ich diese Aufenthalte von vornherein als Kurzzeitpflege deklarierte. Meine Hängematte blieb diesmal im Haus.

Mir gefiel es nach dreieinhalb Jahren in Salzburg so gut, dass ich beschloss, meine Wiener Wohnung aufzugeben und mir in Salzburg in der Nähe meiner Mutter eine Wohnung zu suchen. Ich fand auch eine, die nur eine Viertelstunde Fußmarsch entfernt war.

Ich war noch nicht eingezogen, als Mutter mehrere Schlaganfälle hatte, und weder ich noch eine Pflegekraft es schafften, an ihr die notwendigen Hygienemaßnahmen durchzuführen. So gab ich sie auf Dauer in ein Heim. Ich zog in meine Salzburger Wohnung (die Wohnung meiner Mutter hätte ich mir nicht leisten können) und verließ Wien. Die Hängematte kann ich übrigens in meiner neuen Wohnung gut gebrauchen, denn es gibt hier einen Garten mit Bäumen.

Mutter ist in einem modernen Heim untergebracht. Es gibt viele Pflegekräfte, die meist fröhlich und freundlich und ihr liebevoll zugetan sind. Mama kann nicht mehr sprechen oder gehen. Ich weiß nicht, was sie noch versteht, wenn man sich ihr zuwendet, aber es scheint ihr zu gefallen, wenn ich ihr die alten Lieder und Schlager vorsinge, die sie selber gesungen hatte, als wir Kinder waren. Sie war eine wunderbare Sängerin.

Ich brauchte einige Zeit, um mich wieder an das Alleinsein zu gewöhnen, nachdem die Anstrengung der Übersiedlung vorbei war. Die Gespräche gingen mir ab, ihr geduldiges Zuhören, ja auch die Auseinandersetzungen und die nächtlichen Unternehmungen (also eigentlich das Nachschauen, wie es ihr ging, das Beseitigen eines hygienischen Malheurs usw.)

Die intensive Zeit mit ihr war eine Episode, aber das Schriftwort ist immer noch gültig, denn das Alter und meine Krankheit erlauben mir nicht mehr, dorthin zu gehen, wo es mir gefällt, denn ich bin nun doch eingeschränkt in meiner Mobilität. Das Leben setzt neue Prioritäten, und was das wichtigste ist: die heilige Schrift lässt mich immer wieder Neues entdecken oder Bibelstellen, die ich schon zu kennen glaubte, anders erfahren. Jesus spricht durch Sein Wort immer neu zu mir. Ich erkenne, dass Worte wie „Anteil haben", oder „Geführt-Werden, wohin ich nicht will" keine Drohung sind, sondern genau das, was eine Bezeichnung ist für die heilige Schrift: Frohe Botschaft.

***

Meditation

Herr Jesus, wie oft habe ich schon gesagt: Dein Wille geschehe.

Wie oft habe ich dabei gedacht: Mach mit mir, was Du willst –

aber bitte nicht das, was mir gerade jetzt so besonders schwer

und unerträglich vorkommt.

Du hast mir eine Aufgabe zugeteilt, die ich mir selber nicht

ausgesucht habe.

Im ersten Moment möchte ich sie abschütteln.

Aber nun erkenne ich, dass Du mich dazu ausgesucht hast.

Niemand sonst kann diese Arbeit für Jesus tun.

Ich werde nicht überfordert. Jesus, Du gehst mit mir. Dein

Heiliger Geist gibt mir Kraft und Mut.

Ich freue mich, dass ich Deine Arbeit tun darf.

Dir sei Lob und Dank.

„Leben werd' ich"

Ich werde nicht sterben, sondern leben, um die Taten des Herrn zu verkünden. (Ps 118,17)

Es war in der Zeit, als ich meine Mutter pflegte. Ich hatte gerade erfahren, dass sich in meiner Lunge möglicherweise Metastasen gebildet hatten. Man schlug Operationen vor, zunächst gab es aber noch genauere Untersuchungen. Ich wollte es nicht glauben. Im Wiener AKH war man sich sicher, dass es Metastasen seien, die Salzburger Ärzte meinten, es gäbe für die Herde, die auf der CT sichtbar waren, viele Möglichkeiten als Ursache.

Eines Tages fuhr ich mit dem Bus in der Stadt Salzburg den Kai entlang und genoss es, dass ich einen Bus erwischt hatte, der nicht von oben bis unten mit Werbung beklebt war, sondern freie Sicht auf die wunderschöne Altstadt bot. Auf einmal sang in meinem Inneren die zweite Strophe des Liedes „Nun saget Dank und lobt den Herren". Da heißt es: „Nicht sterben werd ich, sondern leben, gezüchtigt wurde ich vom Herrn, dem Tode aber nicht gegeben, drum rühm ich Gottes Taten gern." Diese Strophe war mir immer unangenehm gewesen, sodass ich beim Gottesdienst genau diese Zeile nie mitgesungen hatte. Züchtigt denn Gott uns? Was ist denn das für ein Gott, der das tut! Was hat so ein Gedanke überdies in einem Loblied verloren?

Das „Gotteslob" gibt als Vorlage für das Lied Ps 118 an. Ich las also nach und fand die Zeile „Ich werde nicht sterben, sondern leben, um die Taten des Herrn zu verkünden. Der Herr hat mich hart gezüchtigt, doch er hat mich nicht dem Tod übergeben." In dieser Reihenfolge konnte ich die Verse besser verstehen, erst recht nach all dem, was mir zugestoßen war. Jedenfalls fasste ich das plötzliche Erinnern an diesen Vers als Zusage auf, dass ich noch eine Weile leben würde.

Der histologische Befund bestätigte jedoch den Verdacht er Ärzte. Wenn einmal Metastasen vorhanden sind, ist die Aussicht auf Heilung sehr gering und die mögliche Lebensspanne eher kurz. Ich gewöhnte mich an die Aussicht, nicht mehr lange auf der Erde zu sein und begann mich auf den Himmel zu freuen.

Nach meiner Gewohnheit betete ich das Stundengebet. An einem Tag im August – zwischen zwei Operationen – schlug ich aber versehentlich eine falsche Seite auf: Ps 118 stand da: mein Psalm. Vielleicht sollte ich ja doch noch eine Weile auf der Erde bleiben.

Es folgten vier Operationen innerhalb eines dreiviertel Jahres. Es war eine schwere Zeit, aber ich erholte mich. Die Ärzte wagten es nicht, Prognosen zu stellen, mehrere meinten, der Krankheitsverlauf sei ungewöhnlich. Einer sagte unverblümt, eigentlich sollte ich schon tot sein.

Die Krankheit verschlimmerte sich, zwar langsam, aber merklich innerhalb der folgenden zwei Jahre. Die Metastasen in der rechten Lungenhälfte, die man nicht hatte beseitigen können, wuchsen, wenn auch erstaunlich langsam. Hilflose Ärzte rieten zu einer Chemotherapie. Palliativ nannten sie es; das hieß, es war keine Heilung zu erwarten, aber vielleicht konnte es die Lebensqualität verbessern. Ich glaubte meiner behandelnden Ärztin und willigte in die Therapie ein.

Wieder schlug ich versehentlich im Stundenbuch den falschen Tag auf und landete bei Ps 118. Es bestärkte mich in meinem Entschluss. Ich hatte wohl noch hier auf Erden etwas zu erledigen, und die ärztliche Kunst sollte mich dabei unterstützen.

Es kommt aber immer anders als man denkt. Die Chemotherapie hatte nicht die gewünschte Wirkung, nämlich mir das Leben zu erleichtern, sondern hätte mich beinahe das Leben gekostet, indem ich allergisch mit einem Erstickungsanfall reagierte. Immerhin, ich starb nicht. Aber so will ich den Psalm nicht verstanden haben.

Es war mir klar, dass es nicht Gott ist, der die Rute hebt und uns züchtigt, aber Er lässt es zu. Warum Er all das Leid zulässt, können wir nicht erklären. Es kommt nicht von Ehm, es ist in der sündigen Welt vorhanden und trifft uns.

Wenn ich es genau betrachte, dann geht es im Vers 17 nicht nur darum, dass ich leben werde, sondern es ist ein Auftrag damit verbunden, nämlich die Taten des Herrn zu verkünden. Wie hatte es Gott wohl gemeint? Von der Gemeinschaft „Gebet und Wort" war ich schon vor Jahren weggegangen. Dort hätte ich die Gelegenheit gehabt, bei Glaubensseminaren mitzuwirken und in der Hagiotherapie Menschen zu helfen, ihre Stärken zu finden und letztlich Gott als Urheber alles Guten zu entdecken. Ich erkannte aber, dass die Mitarbeit in der Gemeinschaft eine Art geschützter Raum war. Hier hatten alle dasselbe Ziel, und Zeugnis zu geben gehörte gewissermaßen zur Tagesordnung. Außerhalb eines solchen Rahmens ist es wesentlich schwieriger. Ich glaube, ich bin nicht die einzige, die Hemmungen hat, im Alltag heutzutage von Gott zu sprechen, auch wenn einem der Mund übergehen möchte vor Dankbarkeit für all das Gute, das wir geschenkt bekommen. Befremdliche Blicke sind das Mindeste, das man erntet, wenn man ein Glaubenszeugnis gibt. Ich habe es ja früher auch oft als peinlich und unangebracht empfunden, wenn jemand unversehens zu „predigen" begann.

Es wird wohl immer schon schwierig gewesen sein, die rechten Worte zur rechten Zeit zu finden, denn hier gibt uns schon der Apostel im ersten Petrusbrief einen guten Rat, wie wir im Alltag Zeugen sein können: Lasst euch nicht erschrecken, sondern haltet in eurem Herzen Christus, den Herrn, heilig! Seid stets bereit, jedem Rede und Antwort zu stehen, der nach der Hoffnung fragt, die euch erfüllt; aber antwortet bescheiden und ehrfürchtig (1. Petr 3, 14-16). Ich habe erfahren, dass jemand, der eine Bemerkung machte über die positive Ausstrahlung, zu der mich Gott trotz Krankheit befähigte, es gut aufnahm, wenn ich darauf hinwies, wovon ich lebe. So gesehen ist eine schwere Krankheit sogar ein Vorteil.

Man hat gewissermaßen Narrenfreiheit. Wenn man eine Formulierung verpfuscht, wird es einem eher nachgesehen, als wenn im Leben alles gut verläuft und man vor Gesundheit strotzt.

Die mit Tränen säen, werden mit Jubel ernten. (Ps 126,5)

Ich lebe mit meiner Krankheit nun seit sieben Jahren. Natürlich fühle ich mich beeinträchtigt, aber ich kann an vielen Dingen des gesellschaftlichen Lebens teilnehmen. Ich mache kein Geheimnis aus meiner Behinderung, und so kommt es, dass mich Menschen meiner Umgebung immer wieder fragen, wie ich denn damit fertig werde. Das ist meine Gelegenheit, Zeugnis für meinen Glauben abzulegen. Einige meinen ja, dass man die Krankheit mit der „rechten Einstellung" beeinflussen könne. Von der Heiligen Schrift her müssen wir annehmen, dass es nicht so ist (vgl. Joh 9,2). Ich bekomme viel Hilfestellung und immer wieder Vorschläge, es doch mit diesem Säftchen oder jenem Pulver zu versuchen; so mancher Rat kommt aus der esoterischen Ecke, was ich dann dankend ablehnen muss. Eventuell gibt auch dies die Möglichkeit, eine solche Ablehnung aus dem Glauben zu begründen.

Und schließlich ist dieses Büchlein ein Versuch, dem Auftrag zu verkünden auf diese Weise nachzukommen.

Nun möchte ich allen zurufen, angesichts einer Welt, in der Krieg, Verfolgung, Kirchenspaltung, Unmoral und Angst herrschen, nicht zu verzagen, sondern sich im Gebet unverdrossen an Gott zu wenden und an Seine Zusage zu glauben, dass nichts uns von Ihm trennen kann. Und gleichzeitig Seinem Auftrag gerecht werden, allen die Frohe Botschaft zu verkünden.

***

Gebet

Herr Jesus,

Du hast uns das Geschenk des Glaubens gemacht.

Du bist immer bei uns in Deinem Wort

und in den Sakramenten.

Du willst, dass die ganze Welt

die Frohe Botschaft hört.

Dazu brauchst Du jeden von uns.

In jeder Lebenslage gibt es die Gelegenheit,

von Dir zu erzählen.

Gib mir Deinen Geist,

dass ich die Möglichkeiten erkenne,

in die Menschen,

die an mich herantreten,

den Samen Deines Heilswillens zu legen.

Erfülle mich mit der Freude am Evangelium,

sodass ich gar nicht mehr anders kann,

als davon zu sprechen.

Mach mein Herz voll mit Deiner Liebe, s

odass mein Mund davon übergeht.

Du bist der Quell alles Guten,

von Dir kommt das Heil.

Du willst alle Menschen an Dich ziehen.

Lass mich erkennen,

was mein Anteil an diesem Werk ist.

Danke,

dass Du mich in Deine Nachfolge gerufen hast.

Verwendete Literatur

Anregung fand ich in vielen Büchern. Hier sind nur einige angeführt, vor allem die, die wörtlich zitiert wurden und die ich in der letzten Zeit gelesen habe.

Heilige Schrift:
Die Bibel. Einheitsübersetzung Altes und Neues Testament

Quadrobibel 2.0. Die vier großen deutschen Übersetzungen auf CD.-ROM. Einheitsübersetzung. Gute Nachricht Bibel. Revidierte Elberfelder Bibel. Lutherbibel 1984. Mit Lexikon zur Bibel. Hrsg. Von R. Brockhaus, Deutsche Bibelgesellschaft, Katholisches Bibelwerk. Verlag der Zürcher Bibel

Badde, Paul: Das Muschelseidentuch. Auf der Suche nach dem wahren Antlitz Jesu. Ullstein Verlag. Berlin 2005

Beck, Mattias: Der Krebs und die Seele: Gen – Geist – Gehirn – Gott. Schöningh 2004

Berger, Klaus: Die Bibelfälscher. Wie wir um die Wahrheit betrogen werden. Pattloch. München 2013

Gotteslob: Katholisches Gebet- und Gesangbuch. Ausgabe für die (Erz-)Diözesen Österreichs. 2013

Ivančić, Tomislav: Folge mir nach. Begegnung mit Jesus auf dem Kreuzweg. 4. Auflage. Zagreb 1992

Kolodiejchuk, Brian: Mutter Teresa. Komm, sei mein Licht. Pattloch Verlag 2007

Spadaro, Antonio SJ: Das Interview mit Papst Franziskus. Hrsg. Von Andreas R. Batlogg SJ. Herder. Freiburg-Basel-Wien 2013

Stecher, Reinhold: Die leisen Seiten der Weihnacht. Tyrolia-Verlag. Innsbruck-Wien. 5. Aufl. 2013

Vošicky, Bernhard: Schau auf den Herrn! Begegnungen mit Gott und seinen Heiligen. Be&Be-Verlag. Heiligenkreuz 2010

***

Bildinformation

Fritz Summer - Gertraude Vymetal,

DAS BABY IM STALL

Ein Vorlesebuch für Kinder bis 6 Jahren

Gertraude Vymetal,

JESUS KOMMT ZU DIR, Ein Buch zur Erstkommunion

DAS BUCH ZUR VORBE-REITUNG AUF DIE ERST-KOMMUNION (auch zu Hause!)
Format A4,
Mit Aquarellen der Autorin,

Quiz nach jedem „Kapitel". Kindgerechte Hinführung zur hl. Beichte und zur Hl. Eucharistie.

BENEDETTO VERLAG 2014
ISBN 978-3-905953-55-8